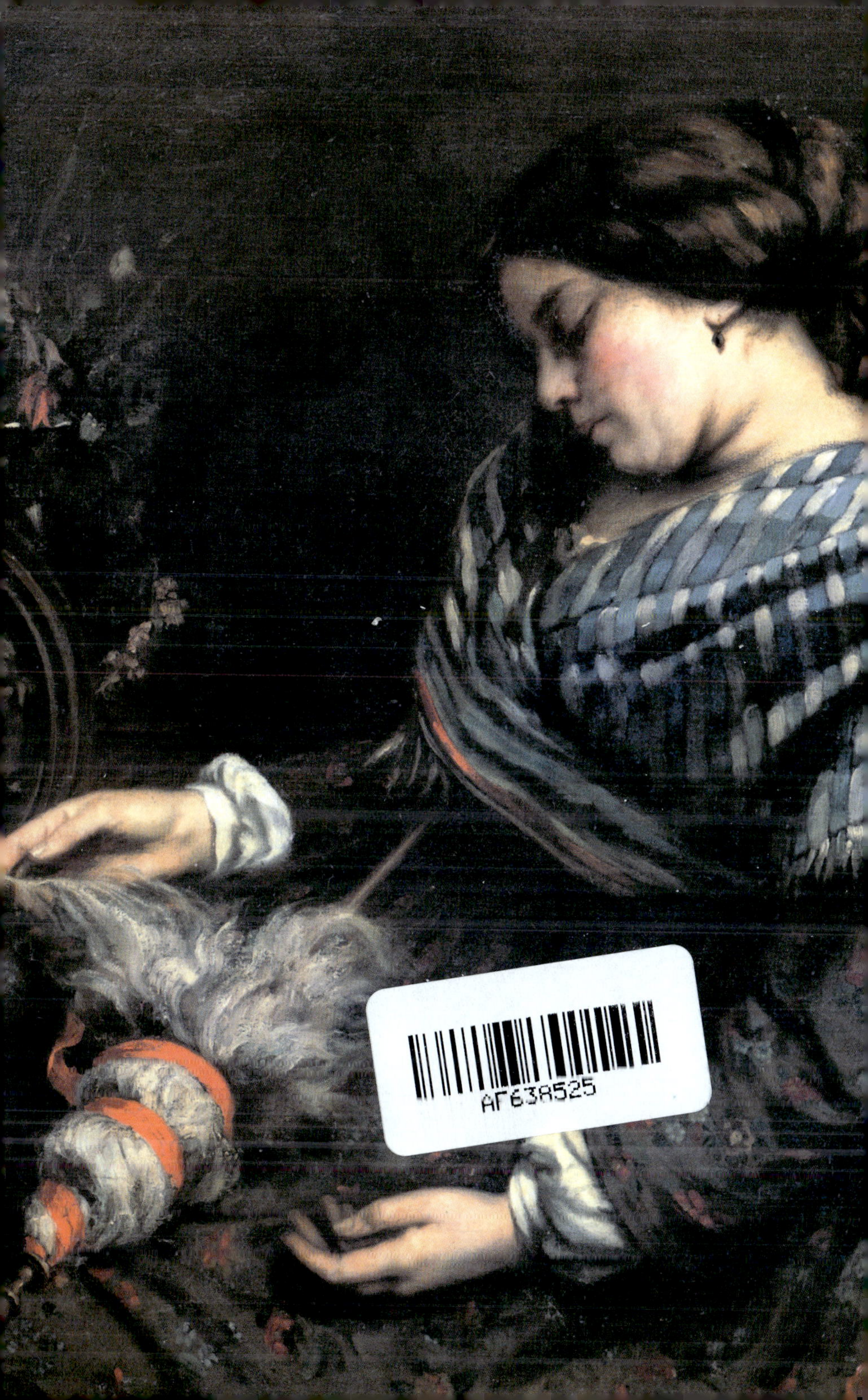

Wie sehr Künstler seit jeher vom Motiv der handarbeitenden Frau fasziniert waren, spiegelt sich in den zahlreichen Gemälden aus allen Jahrhunderten bis in die Gegenwart. Thomas Blisniewski nimmt den Faden auf – und erzählt vom tugendhaften Zeitvertreib der feinen Damen, von den lustvollen Spinnereien junger Mädchen und dem mühsamen Broterwerb der einfachen Frauen. Entstanden ist eine bunte Zeitreise durch die Kunst- und Kulturgeschichte mit Bildern von Rubens, Liebermann, Mary Cassatt, Carl Larsson, Edward Hopper und vielen anderen.

Thomas Blisniewski, 1960 in Aachen geboren, promovierte nach dem Studium der Kunstgeschichte, Archäologie und Philosophie mit einer Arbeit über die Parzen. Nach Tätigkeiten in der Denkmalpflege und am Museum ist er nun Wissenschaftler am Institut für Kunst und Kunsttheorie der Universität zu Köln. Seit 1995 hat er Lehraufträge an verschiedenen Hochschulen und veröffentlichte zahlreiche Bücher, u. a. im Elisabeth Sandmann Verlag.

insel taschenbuch 4366

Thomas Blisniewski

Frauen, die den Faden in der Hand halten

Der 2009 im Elisabeth Sandmann Verlag erschienene Originalband wurde für die Taschenbuchausgabe um einige Porträts gekürzt.

Erste Auflage 2015
insel taschenbuch 4366
Insel Verlag Berlin 2015

Vertrieb durch den Suhrkamp Taschenbuch Verlag

Umschlag, Innenseiten und Satz:
Pauline Schimmelpenninck Büro für Gestaltung, Berlin
Druck: *CPI – Ebner & Spiegel, Ulm*

Printed in Germany   ISBN 978-3-458-36066-7

Thomas Blisniewski

Frauen, die den Faden in der Hand halten

Handarbeitende Damen, Bürgersmädchen und Landfrauen von Rubens bis Hopper

Insel Verlag

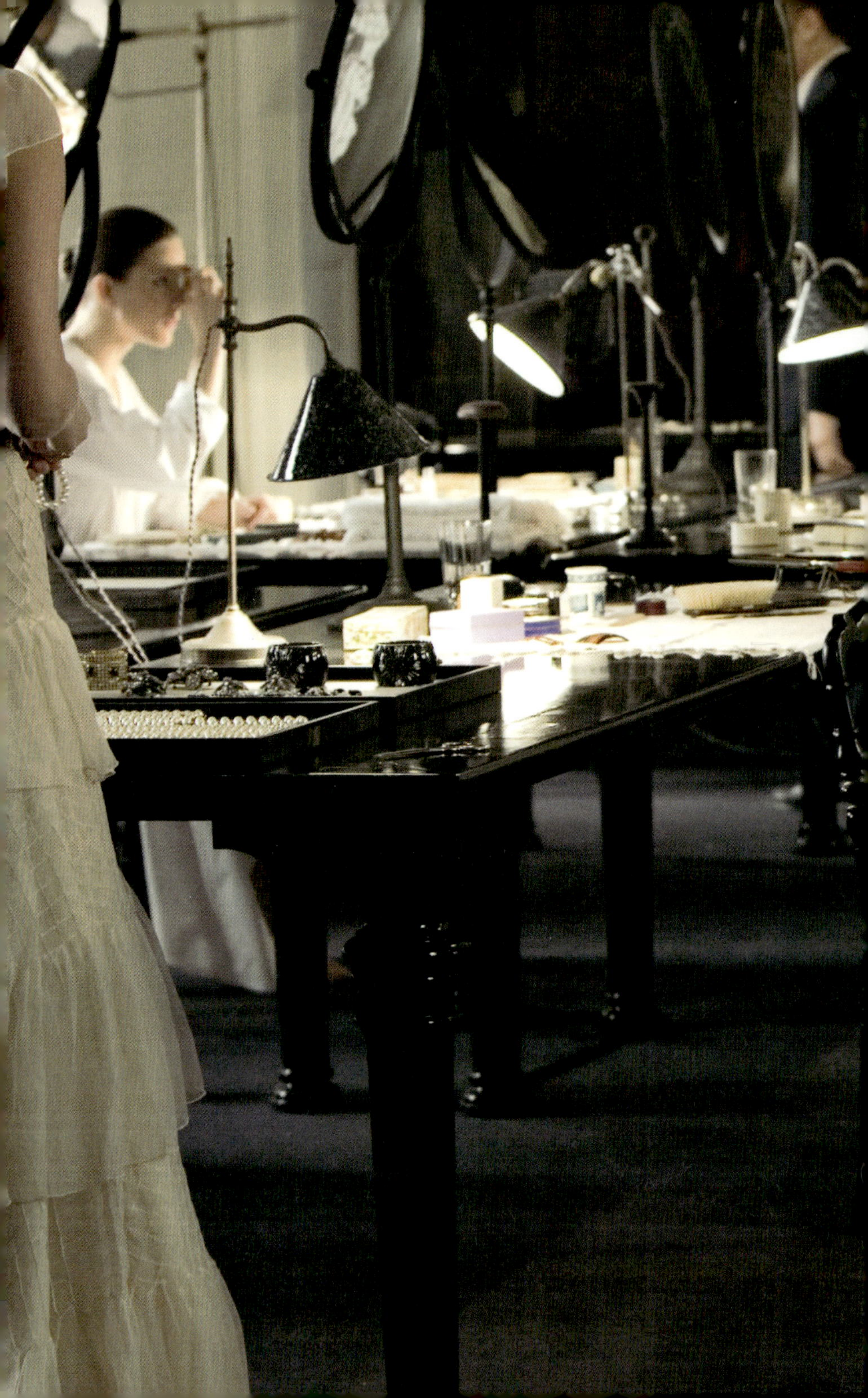

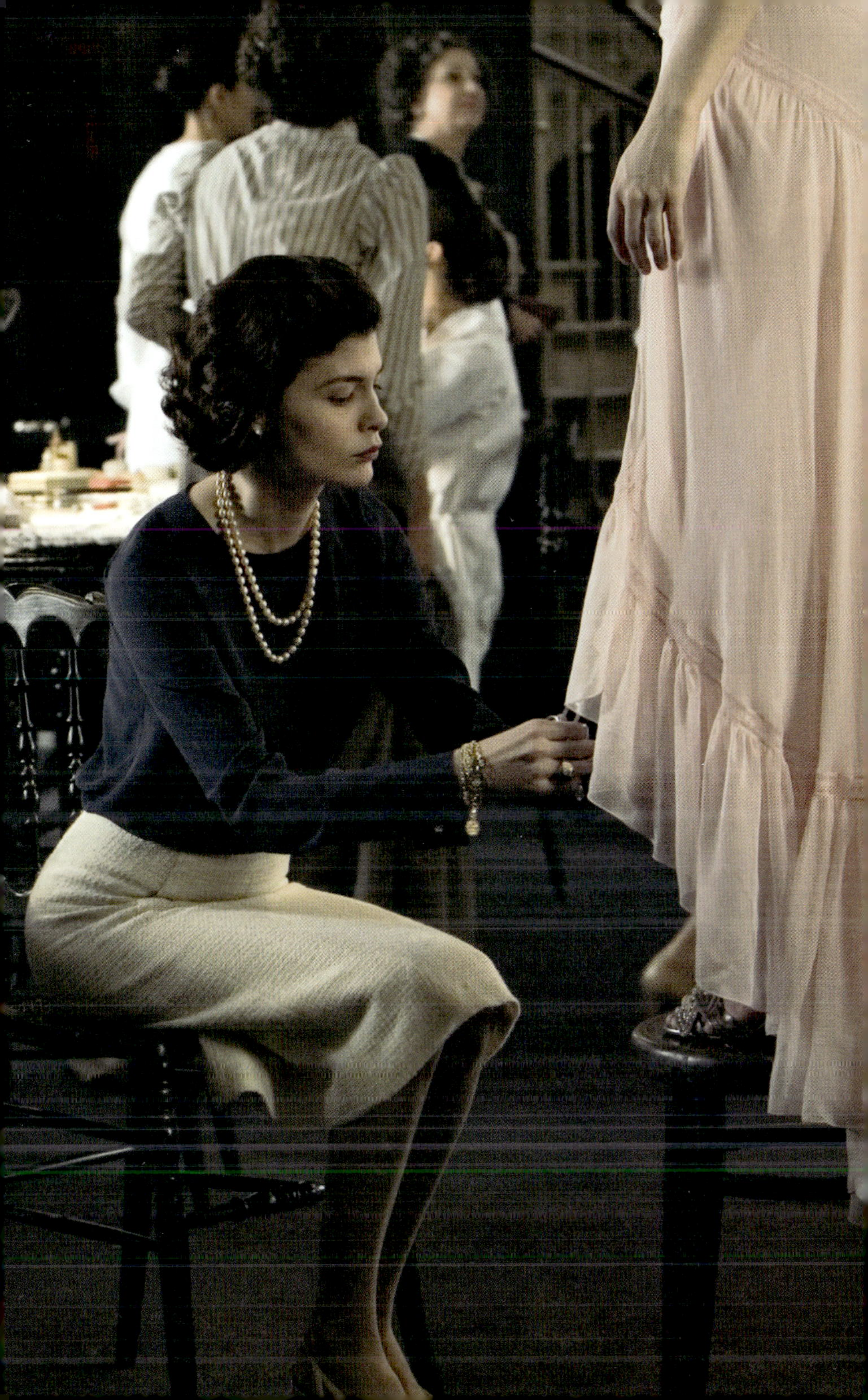

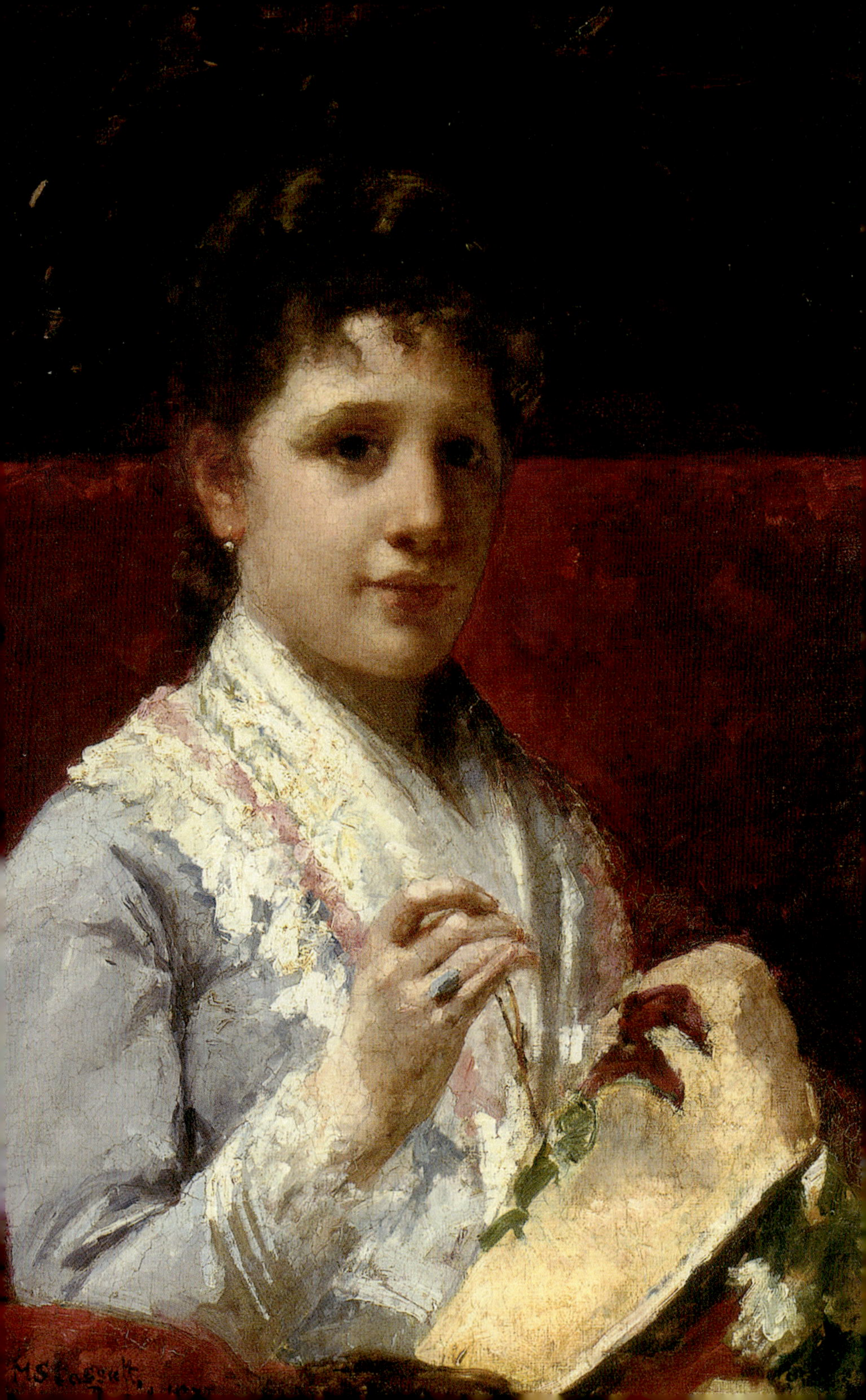

Inhalt

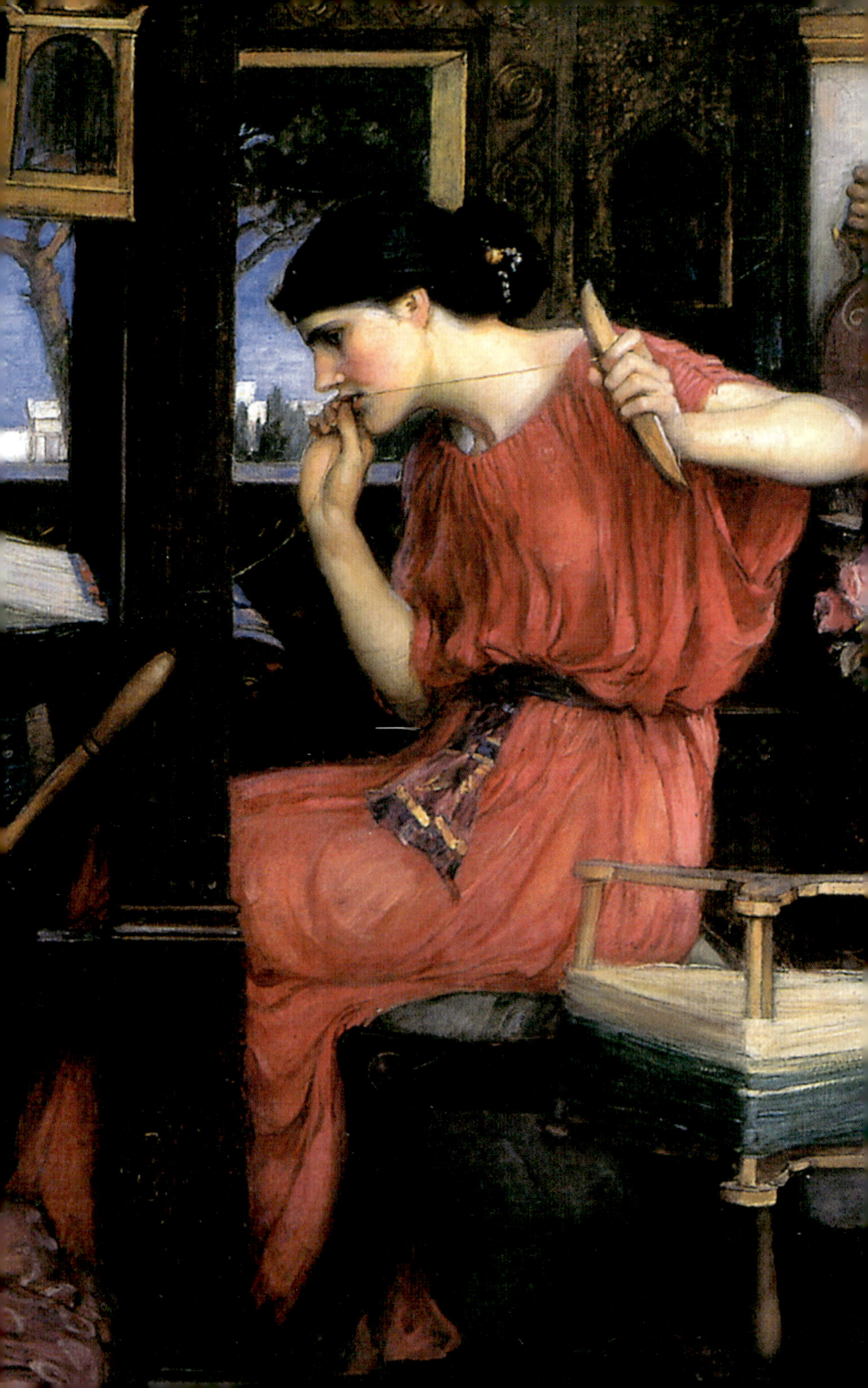

Mit List und Wolle: Parzen, Penelope und Ariadne

»Und des Tages webte sie nun an dem großen Gewebe, nachts jedoch löste sie's stets wieder auf im Scheine der Fackeln.«

HOMER, ODYSSEE

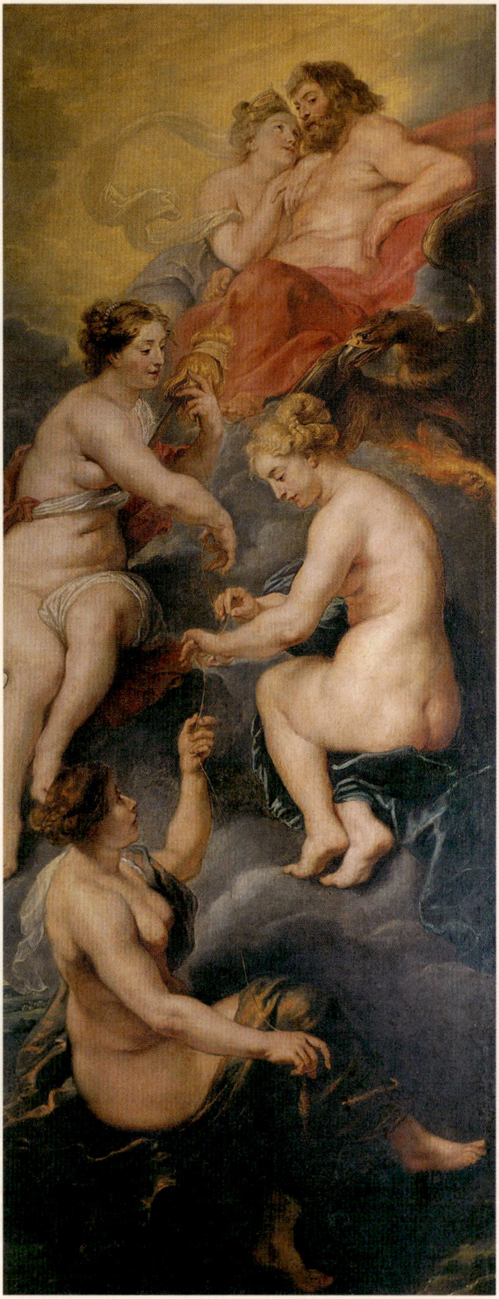

Peter Paul Rubens, 1577–1640

Hypatia von Alexandria, Die Parzen spinnen den Schicksalsfaden der Maria von Medici, 1622–1625
Paris, Louvre

Die Parzen spinnen den Schicksalsfaden der Maria von Medici

Maria von Medici wurde nicht nur unterstellt, am Plan der Ermordung ihres Gatten, des französischen Königs Heinrich IV., beteiligt gewesen zu sein, auch das Verhältnis zu ihrem Sohn, Ludwig XIII., war alles andere als spannungsfrei. Damit hatte die französische Königin mehr als nur einen Grund, sich für die Öffentlichkeit ins rechte Licht zu setzen. Also beauftragte sie Peter Paul Rubens, einen Bilderzyklus zu entwerfen und auszuführen. Auf 21 Gemälden sollte ihr Leben dargestellt und verherrlicht werden.

Das Eingangsbild des Zyklus zeigt die Zeit unmittelbar vor der Geburt der Fürstin. Im Himmel haben es sich Jupiter und seine Frau Juno auf einer Wolke gemütlich gemacht. Liebevoll schmiegt sich die Göttin an ihren Mann und blickt mit schmachtendem Blick zu ihm auf. Unterhalb des Götterpaars können wir drei weitere spärlich bekleidete weibliche Gestalten erkennen, die mit dem Spinnen beschäftigt sind: Es sind die antiken Schicksalsgöttinnen, die Parzen (griech.

Moiren). Das Spinnen und das damit einhergehende Herstellen des Fadens sind Symbol des menschlichen Lebens. Klotho, die Jupiter und Juno am nächsten sitzt, beginnt den Lebensfaden, den ihre Schwester Lachesis fortführt. Atropos schließlich ist diejenige, die die Lebensfäden durchtrennt und die Menschen dadurch sterben lässt. Aber nicht so bei Maria von Medici, denn die Göttin Juno bezirzt offenbar ihren Mann, dem Tun der Parzen Einhalt zu gebieten. Er soll und wird unter ihrer Beeinflussung dafür sorgen, dass Maria von Medici (1575–1642) in den Genuss eines langen Lebens kommt. So steckt das Bild gleichsam den Rahmen ab, in dem sich das Leben der Monarchin bewegen wird.

Die Parzen oder Moiren werden bereits bei Homer erwähnt. Damals waren sie noch Symbol für das Schicksal, die Moira, dem sich selbst die Götter zu unterwerfen hatten. Doch im Laufe der Antike änderte sich ihre Bedeutung in dem Maß, in dem Zeus beziehungsweise Jupiter immer mächtiger wurde, bis die Parzen schließlich zu den »Sekretärinnen« des Jupiter wurden, der ihnen das Schicksal nur noch diktierte. In diesem Sinne verwendet nun auch Peter Paul Rubens die Schicksalsschwestern für sein Gemälde. Das Spinnen und die Entscheidung über das Beenden des Lebensfadens sind zur reinen »Chefsache« Jupiters geworden, die Parzen sind lediglich für die Ausführung zuständig.

Gaia Caecilia

Von Gaia Caecilia, einer römischen Königin, die im Nachwort noch ausführlicher gewürdigt wird, berichtet Christine de Pizan in ihrem Werk über berühmte Frauen. Dabei bezieht sich de Pizan auf Giovanni Boccaccio, der schon um 1362 ein ganz ähnliches Werk verfasst hatte.

Die Königin, die leicht an der Krone zu erkennen ist, sitzt arbeitend am Webstuhl, während ihre Hofdamen die Wolle im Vordergrund zum Spinnen vorbereiten oder sie verspinnen. Die Darstellung ist nicht ganz realistisch zu verstehen, denn um eine gute Weberin mit Garn zu versorgen, bedarf es mehr Spinnerinnen, als hier dargestellt sind. Schließlich kann beim Weben viel schneller gearbeitet werden als beim Spinnen. Die Form des Webstuhls, mit dem Gaia Caecilia arbeitet, bleibt übrigens – mit nur geringen Verbesserungen und konstruktiven Veränderungen – bis ins 18. Jahrhundert unverandert.

Die Kettfäden sind horizontal aufgespannt, der Fachbegriff dafür lautet »basse lisse«. Daneben gibt es zu dieser Zeit auch Webstühle, bei denen die Kettfäden vertikal liegen, dementsprechend wird dann von »haute lisse« gesprochen. Durch ein Pedal hebt und senkt sich abwechselnd jeder zweite Kettfaden. So entsteht ein Fach zwischen den Fäden, durch welches das Schiffchen, ein Holzstück, in dem sich der Faden befindet, »geschossen« wird. Bei diesem Vorgang wickelt sich die Wolle ab, sodass auf der gesamten Breite des Webstuhls bequem ein Faden eingebracht werden kann. Ist ein Schiffchen in eine Richtung geschossen worden, werden die angehobenen Kettfäden gesenkt und die anderen angehoben. Der bereits geschossene Faden liegt nun fest im Kettfadensystem und wird mit einem Kamm an den vorherigen angeschlagen oder gedrückt. Auf diese Art kann recht schnell ein Gewebe entstehen.

Zu beachten ist, dass die Königin auf diesem Bild zusammen mit ihrem Hofstaat beziehungsweise ihren Mägden arbeitet. Trotz ihrer hohen gesellschaftlichen Stellung verhält sie sich emsig, fleißig und tugendhaft.

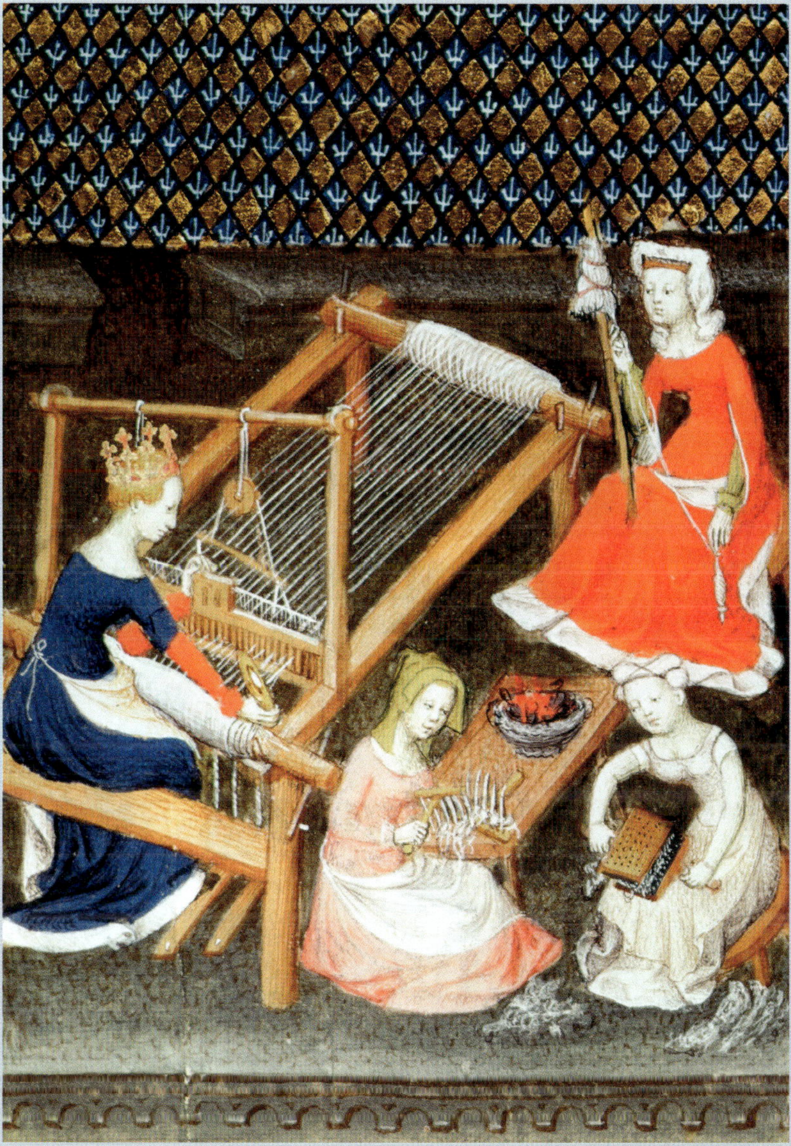

Christine de Pizan, 1365 – nach 1430

De Claris Mulieribus, Ms Fr 12420, fol 71 (Gaia Caecilia), 15. Jh.
Paris, Bibliothèque Nationale

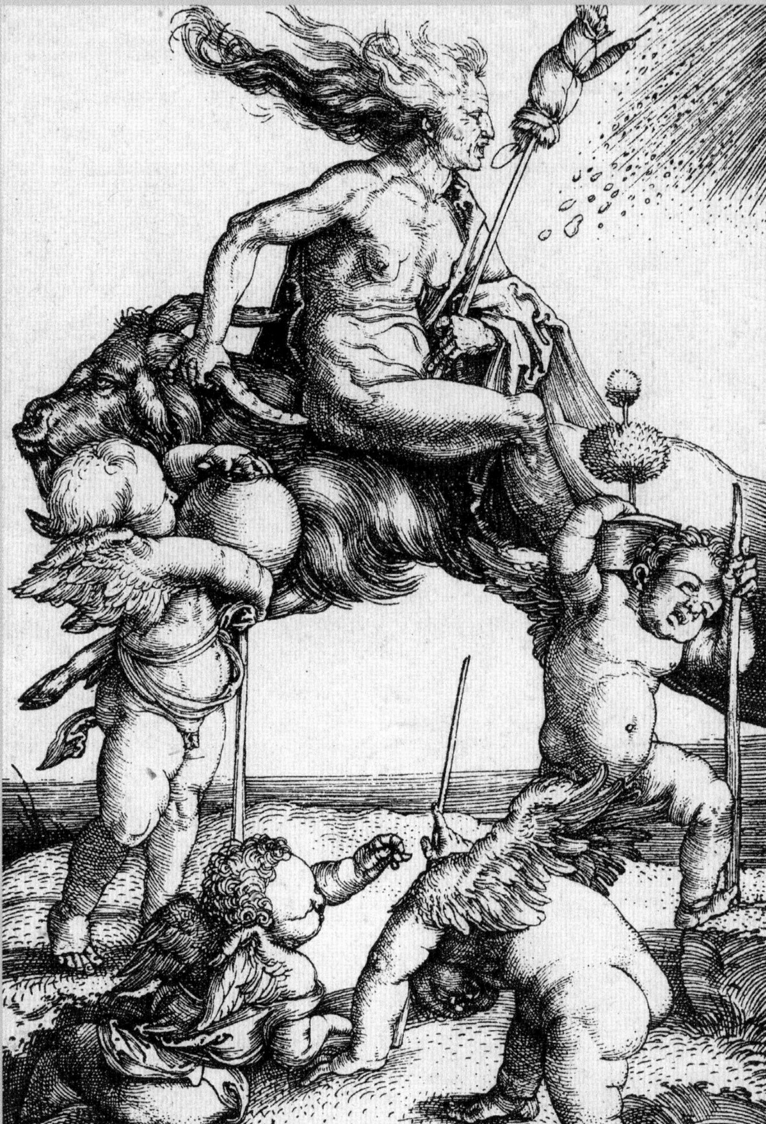

Albrecht Dürer, 1471–1528

Hexe, Kupferstich, 1502–1505

Hexe

Dass Spindel und Spinnrocken nicht nur Attribute der züchtigen und gottesfürchtigen Frau sein können, zeigt Albrecht Dürers schwer zu deutender Stich aus den ersten Jahren des 16. Jahrhunderts.

Ein mächtiger und stattlicher Ziegenbock durchfährt mit gestreckten Beinen den Himmel von rechts nach links. Auf ihm sitzt rittlings, aber gegen die Flugrichtung gewandt, eine stark vom Alter gezeichnete Frau. Ihr loses Haar weht gegen den Flugwind – ein Ding der Unmöglichkeit. Mit ihrer rechten Hand umfasst sie ein mächtiges Horn des Bocks, während sie in der anderen einen großen, ordentlich gerichteten Spinnrocken hält, an dem die Spindel befestigt ist. Der Boden, aus dem vereinzelte stachelartige Gebilde herauswachsen, wird von vier, zum Teil herumtollenden Putten bevölkert.

Was mag dieser Stich bedeuten? Vermutlich griff Dürer mit ihm auf einen antiken Typ der Aphrodite/Venus zurück: auf die Aphrodite Epitragia, die Aphrodite auf oder bei dem (Ziegen-)Bock.

Der Kult um die Aphrodite Epitragia war untrennbar mit der menschlichen Sexualität verbunden, und die sexuelle Aktivität des Bocks ist ja nun sprichwörtlich. In seiner Arbeit verwandelte Dürer die in der Antike durchweg jugendlich und schön dargestellte Aphrodite/Venus in eine alte, unattraktive Frau. Der Künstler, der in der Übergangszeit vom späten Mittelalter zur frühen Renaissance lebte, ließ sich hier noch ganz von der mittelalterlichen Tradition leiten, in der die antiken Gottheiten sittlich und moralisch verdorbene Gestalten waren. Vor diesem Hintergrund wurde Aphrodite/Venus als Göttin wie als Frau von Dürer zur Hexe umgedeutet und in Verruf gebracht.

Die antiken Darstellungen, die Dürer in Form von Münzen, Steinschnitten oder Glaspasten vor Augen gehabt haben dürfte, zeigten Aphrodite sehr oft mit einer schmalen, länglichen Fackel. Fraglich bleibt, ob Dürer die Fackel schlichtweg missdeutete, als er seiner Hexe einen Spinnrocken in die Hand gab, oder ob er den Rocken als symbolisches Werkzeug der Frauen schlechthin auswählte. Eins aber ist sicher: Tugendhaftigkeit und Gottesfurcht spielen bei diesem Kupferstich ganz sicher keine Rolle.

Die unterbrochene Arbeit (Penelope)

Bouguereaus Penelope ist schön – und jung. Wer weiß, wie lange sie schon auf ihren Mann wartet? Immerhin musste Odysseus zehn Jahre im Trojanischen Krieg und weitere zehn auf Irrfahrten verbringen, bevor er wieder zu ihr nach Ithaka zurückkehren konnte.

In der Abbildung sitzt Penelope in einer offenen Säulenhalle auf einem mit Intarsien verzierten Stuhl. Als Polster dient der Fürstin, die mit einem schneeweißen leichten und luftigen Gewand bekleidet ist, ein Wolfs- oder Bärenfell. Etwas keck hat sie die Beine übereinandergeschlagen und zeigt dem Betrachter so ihre nackten Füße. Ein schöner, sich nach oben öffnender Korb, ein sogenannter Kalathos, der aus Weidenzweigen geflochten und mit vielen strahlend blauen Wollknäuel gefüllt ist, steht zwischen ihr und dem Zuschauer. Einen ebensolchen Wollball hält auch Penelope in der Hand, neben ihr befindet sich eine sehr große Haspel mit einem kunstvoll gedrechselten Standbein.

Es scheint, als wäre Penelope gerade eben noch mit dem Wollewickeln beschäftigt gewesen. Doch nun hält sie inne, wendet sich von der Haspel ab und dem Betrachter zu, den sie jedoch nicht direkt anschaut. Ihre Augen sind versonnen nach oben gerichtet. Von hinten hat sich ihr Eros (Amor) genähert und kitzelt sie mit einem feinen

Halm am Ohr. Penelope, die den Gott der Liebe nicht zu sehen scheint, spürt offensichtlich trotzdem dessen Anwesenheit. Ihr Denken und ihr Sehnen, das man an ihrem Gesichtsausdruck ablesen kann, sind sicherlich auf den abwesenden Liebsten gerichtet.

Sie, die auf Ithaka zurückblieb, wartete geduldig Jahr um Jahr auf ihren Gatten, bis er tatsächlich heimkehrte. So ist denn Penelope ein Musterbeispiel für die züchtige und treue Ehefrau, die sich auch von etlichen Freiern nicht in ihrer Liebe beirren lässt.

Bouguereau wählte zwar Penelope als Figur aus Homers bekannter »Odyssee«, doch die Geschichte, die das Bild erzählt, entstammt der Fantasie des Malers. Auffällig ist, dass alle Details, die auf das Alltägliche hinweisen – wie Korb, Haspel und Stuhl –, äußerst sorgfältig gemalt sind. Um diese Dinge möglichst authentisch darstellen zu können und dadurch ein antikes Ambiente zu konstruieren, das den Betrachter sofort gefangen nimmt, muss Bouguereau sich zuvor intensiv mit antiken Kunstwerken beschäftigt haben.

William-Adolphe Bouguereau, 1825–1905

Die unterbrochene Arbeit (Penelope), 1891
Amherst College, Mead Art Museum

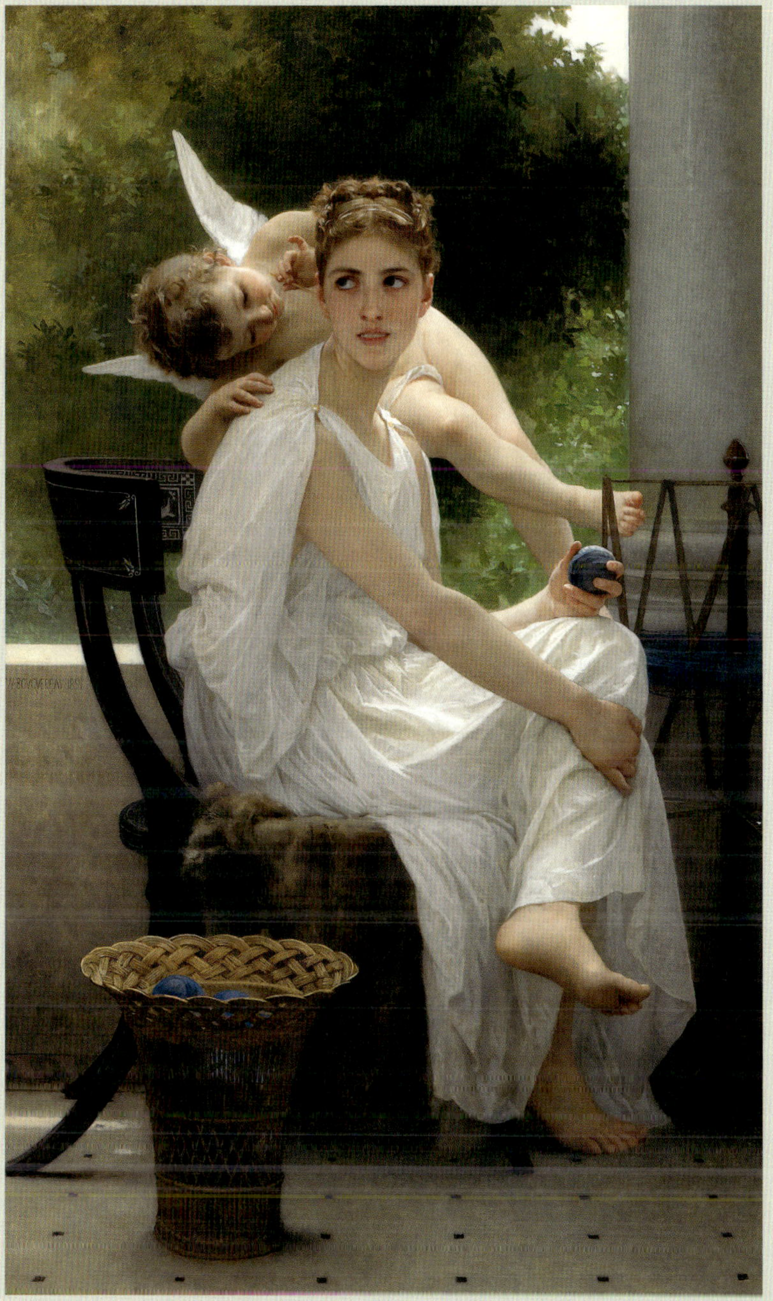

John William Waterhouse, 1849–1917

Penelope und die Freier, 1912
Aberdeen, Art Gallery and Museum

Penelope und die Freier

Nicht nur Odysseus, seines Zeichens Fürst von Ithaka, war als listenreicher Held bekannt, auch seine Gemahlin Penelope stand ihm in klugen Täuschungen in nichts nach. Während Odysseus im Krieg um Troja kämpfte und anschließend durch Irrfahrten an seiner Heimkehr gehindert wurde, wartete die kluge, schöne und treue Gattin geduldig auf ihn. Doch am Hofe von Ithaka hatten sich bereits aufdringliche Freier eingefunden. Es entsprach einfach nicht der Sitte, dass eine Frau allein ein Fürstentum regierte. Penelope ihrerseits liebte aber ausschließlich ihren Odysseus und wollte das Erbe für den gemeinsamen Sohn Telemach retten. Also gab sie vor, ein Leichentuch für den Schwiegervater Laertes zu weben. Wenn es fertig sei, so erklärte sie den Werbenden, wolle sie einen Freier auswählen.

Eifrig webte sie nun am Tage das riesige Linnen,
trennte es aber zur Nacht, im Fackelschein, stets auseinander.
(Homer, Odyssee; Übersetzung: Dietrich Ebner)

Obwohl eine Magd schließlich ihre Herrin verriet, hatte diese doch Glück im Unglück, denn just danach kehrte der ersehnte Odysseus endlich zu ihr zurück.

John William Waterhouse zeigt uns Penelope bei der Webarbeit. Das rote Gewand, in dem die Fürstin am Webstuhl sitzt, scheint nicht ganz zu ihrer Tugendhaftigkeit zu passen. Zu leuchtend ist seine

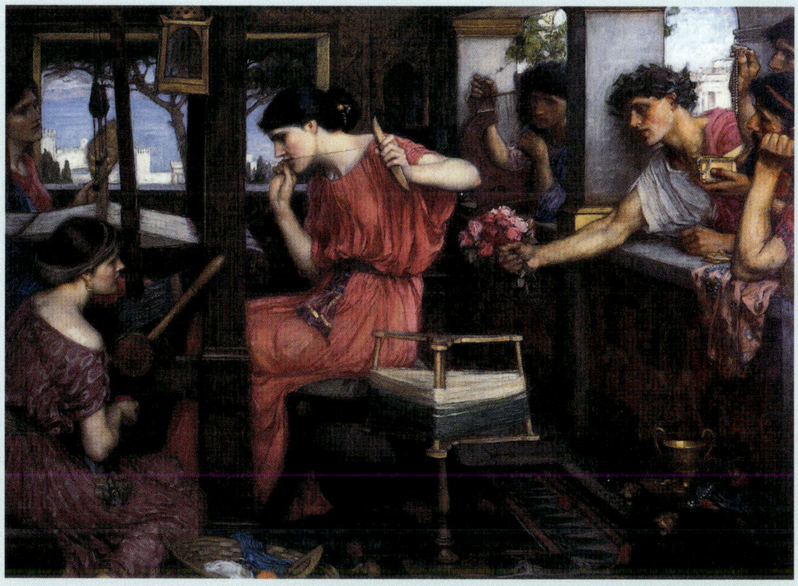

Farbe. Auch das Tuch, an dem sie arbeitet, ist mitnichten ein einfaches Linnen: Der Stoff ist von einem ausdrucksstarken Blau und in einem komplizierten Muster gearbeitet. Während eine von Penelopes Dienerinnen spinnt, ist die andere wohl mit Wickelarbeiten beschäftigt. Der rechte Bildteil wird von den Freiern dominiert. Ein Verehrer reicht Penelope Blumen und trägt selbst einen Efeukranz, ein Zeichen dafür, dass er dem Kult um den Weingott Dionysos nicht abgeneigt ist. Ein anderer versucht sie mit Perlenketten in einer goldenen Dose zu locken, der Dritte hat seine Kithara (Leier) mitgebracht und ist dabei, ein Liebeslied anzustimmen, während der Letzte ihrer Verehrer Penelope nur hingebungsvoll anschmachtet.

Doch keiner von ihnen, egal, wie sehr sie sich anstrengen, wird von Odysseus' Gemahlin eines Blickes gewürdigt. Brüsk zeigt sie ihnen die verhüllte Schulter, bleibt dem fernen Manne treu und stellt somit die Verkörperung von tugendhafter Treue und Züchtigkeit dar.

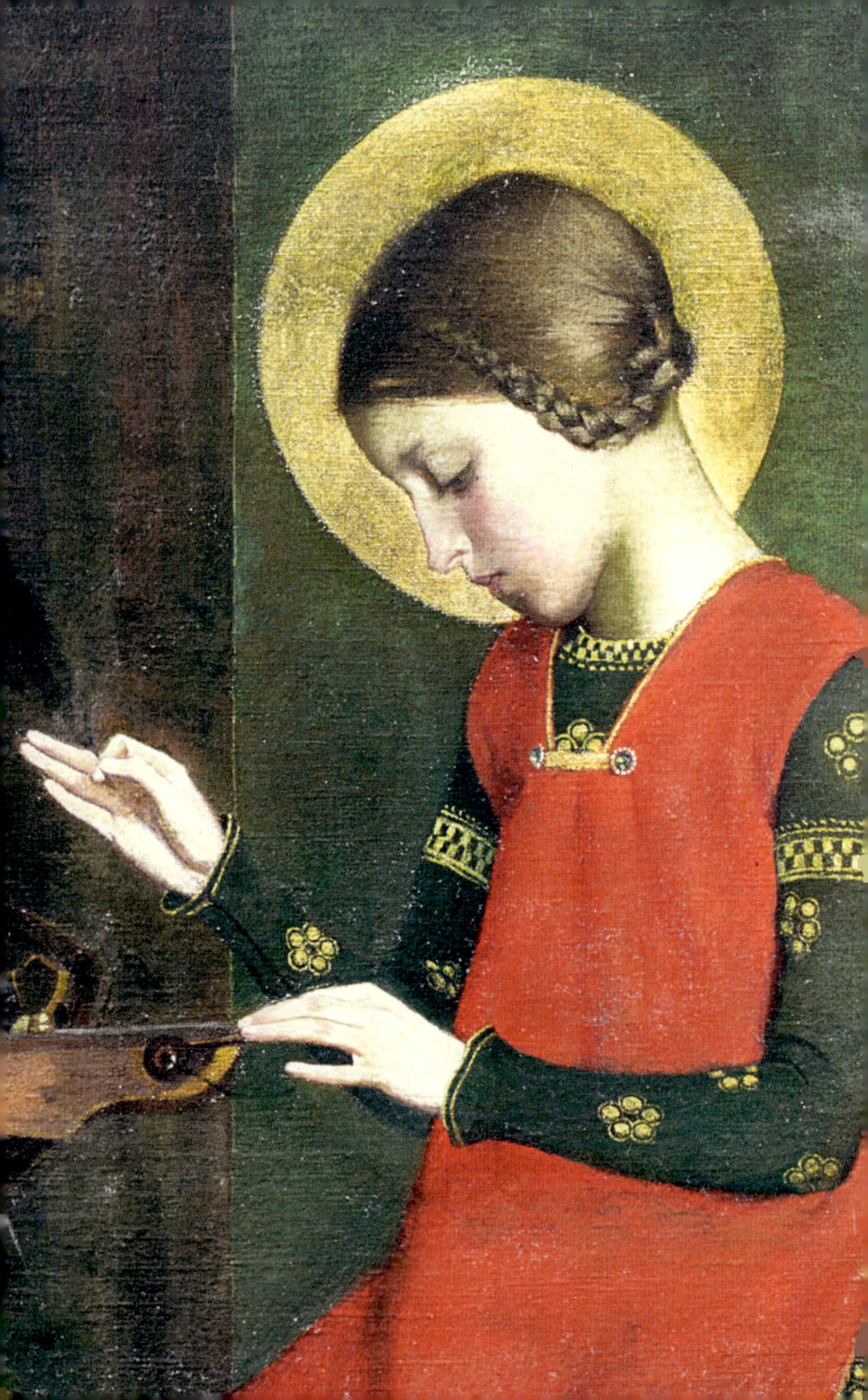

Himmlische Fäden: Eva, Maria und Elisabeth

»Sie übte fleißig die Wollweberei.«

PSEUDO-MATTHÄUSEVANGELIUM

Das erste Zeitalter: Eva spinnend und Adam arbeitend

Kardinal Richelieu machte König Ludwig XIII. von Frankreich ein überaus kostbares Geschenk, indem er ihm Domenico Fettis Bild übereignete. Der Maler und der Kardinal waren fast gleich alt, sodass es ein zeitgenössisches Bild war, das Richelieu seinem König übergab.

Die verschiedenen Bildtitel lassen bereits erahnen, dass das Motiv nicht leicht zu bestimmen ist. Im Vordergrund sitzt die barfüßige und spinnende Eva am Boden und schaut den Betrachter aus dem Bild heraus an. Sie trägt sehr stoffreiche, aber dennoch einfache Kleidung. Rechts dahinter sind ihre beiden Söhne Kain und Abel zu sehen. Ob der stehende und so energisch dreinschauende Knabe Kain ist, der später zum Brudermörder werden wird?

Am rechten Bildrand findet sich ein geschecktes Kaninchen, das sich fast paradiesisch zahm nahe der ersten Menschen aufhält. Vielleicht ist es ein Hinweis auf die ersten Haustiere, vielleicht aber auch das Symbol für die Fruchtbarkeit der Menschen und die Ver-

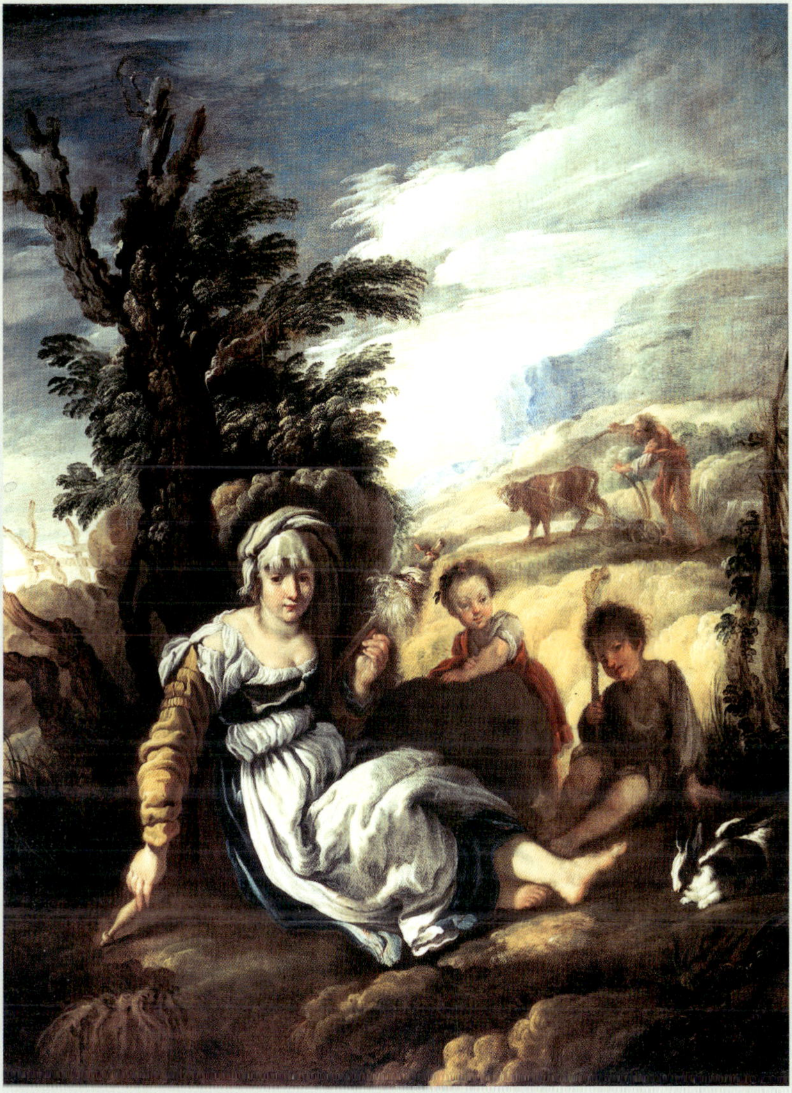

Domenico Fetti (Feti), 1588/89–1623

Das erste Zeitalter: Eva spinnend und Adam arbeitend
(alternative Bildtitel: Das Landleben; Die Spinnerin), frühes 17. Jh.
Paris, Louvre

körperung von Gottes Aufforderung: »Seid fruchtbar und vermehrt euch, bevölkert die Erde, unterwerft sie euch und herrscht über die Fische des Meeres, über die Vögel des Himmels und über alle Tiere, die sich auf dem Land regen.« (Gen 1,28)

Im Mittelgrund des Bilds ist, mit einem Ochsen den Acker pflügend, Adam zu sehen, der dadurch sich und seinen Nachkommen die Erde unterwirft. Den starken Ochsen hat er bereits gezähmt, und die Erde wird gerade bestellt, um ernten zu können. Doch der Acker bringt nur noch unter Anstrengung Früchte hervor. Gott hatte Adam schon vor der Vertreibung aus dem Paradies vorhergesagt: »So ist verflucht der Ackerboden deinetwegen. Unter Mühsal wirst du von ihm essen alle Tage deines Lebens.« (Gen 3,17)

Die Auffälligkeit, dass Eva stoffreiche und farbenfrohe Kleidung trägt, die so gar nicht zu den Ureltern zu passen scheint, hat vermutlich auch zu den verschiedenen Bildtiteln geführt. Ihre von Gott geschenkten Fellkleider haben sie mittlerweile abgelegt, und Eva scheint sich große schneiderische Fähigkeiten angeeignet zu haben. Doch wir, die Betrachter, wissen, dass das hier gezeigte traute Landleben täuscht: Zu traurig sind für die Menschheit der Sündenfall Adams und Evas und der Brudermord, der bald folgen wird.

Adam und Eva nach der Vertreibung aus dem Paradies

Auf den ersten Blick mutet Johann Anton Alban Ramboux' Bild wie eine Familienidylle an, die, der Fellkleidung der Dargestellten und der urigen Hütte nach, anscheinend in grauer Vorzeit angesiedelt ist. Der Vater arbeitet im Garten, während die Mutter sich um die beiden Kinder kümmert. Ein Lämmlein und mehrere Ziegen scharen sich um die junge Familie.

Doch wenn wir unseren Blick in Richtung Hintergrund schweifen lassen, sehen wir, was es mit der vorgeblichen Normalität in Wirklichkeit auf sich hat: Ein Engel und der von Licht umflossene Gott sind gerade dabei, Adam und Eva aus dem Paradies zu vertreiben. Nackt und in ängstlich geduckter Haltung – Adam schaut sich noch einmal um –, werden die Verstoßenen hinaus in die Welt gejagt. Der glückliche Beginn menschlicher Existenz ist damit genauso Vergangenheit wie das süße Nichtstun im Paradies. Vor der Vertreibung hatte Gott Adam bereits angekündigt (Gen 3,17): »Weil du auf deine Frau gehört und von dem Baum gegessen hast, von dem zu essen ich dir verboten hatte: So ist verflucht der Ackerboden deinetwegen. Unter Mühsal wirst du von ihm essen. Im Schweiße deines Angesichts sollst du dein Brot essen (...).«

So sind Adam und Eva von nun an gezwungen, sich und ihre beiden Söhne Kain und Abel durch anstrengende Arbeit zu ernähren. Auch wenn sie alle noch die Fellröcke tragen, die ihnen dem biblischen Bericht nach Gott der Herr gegeben hat, versteht sich Eva bereits auf die Kunst des Spinnens. Rechts hinter ihr entdecken wir einen großen, offenbar mit Flachs bestückten Spinnrocken. Doch im Gegensatz zu vielen anderen dargestellten Frauen ist es bei Eva weder Züchtigkeit noch Wohlanständigkeit, die sie zur Wollarbeit treibt, sondern die blanke Not des Überlebenwollens und -müssens. Die Verzweiflung nötigt Eva in dem Maße zum Handarbeiten, in dem Adam zum Umgraben und Ackerbebauen gezwungen wird.

Als Johann Anton Alban Ramboux dieses Bild schuf, hielt er sich in Rom auf, wo er in Kontakt zum Lukasbund stand. Die Maler der Gruppe, die sich 1809 in Wien zusammengefunden hatten, dann aber auch in Rom ansässig waren, sind heute als »Nazarener« bekannt. Die Bezeichnung war ursprünglich ein Spottname für den Lukasbund, der sich zur Aufgabe gemacht hatte, die Kunst zu erneuern, und sich an der Malerei der italienischen Renaissance orientierte.

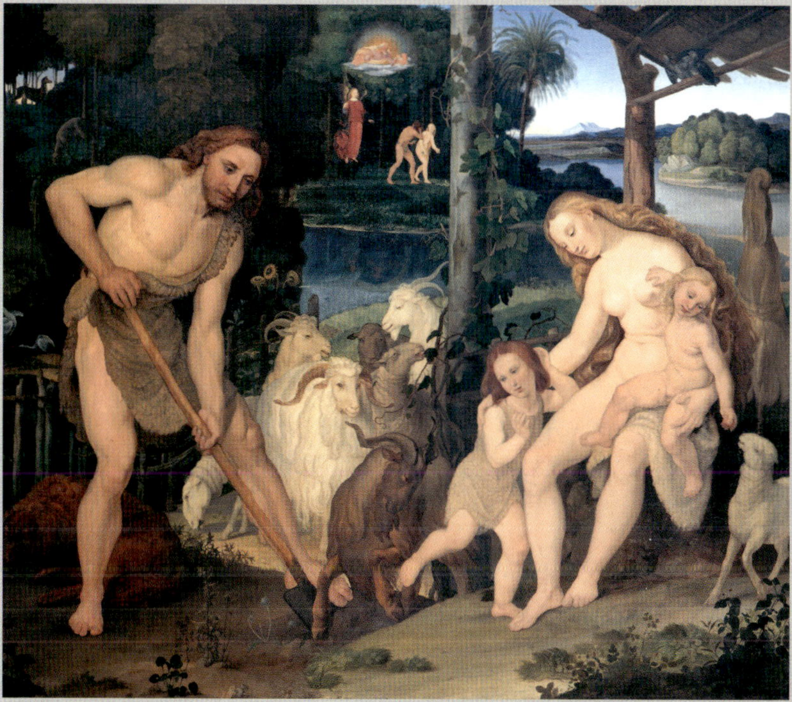

Johann Anton Alban Ramboux, 1790–1866

Adam und Eva nach der Vertreibung aus dem Paradies, 1818
Köln, Wallraf-Richartz-Museum & Fondation Corboud, Köln

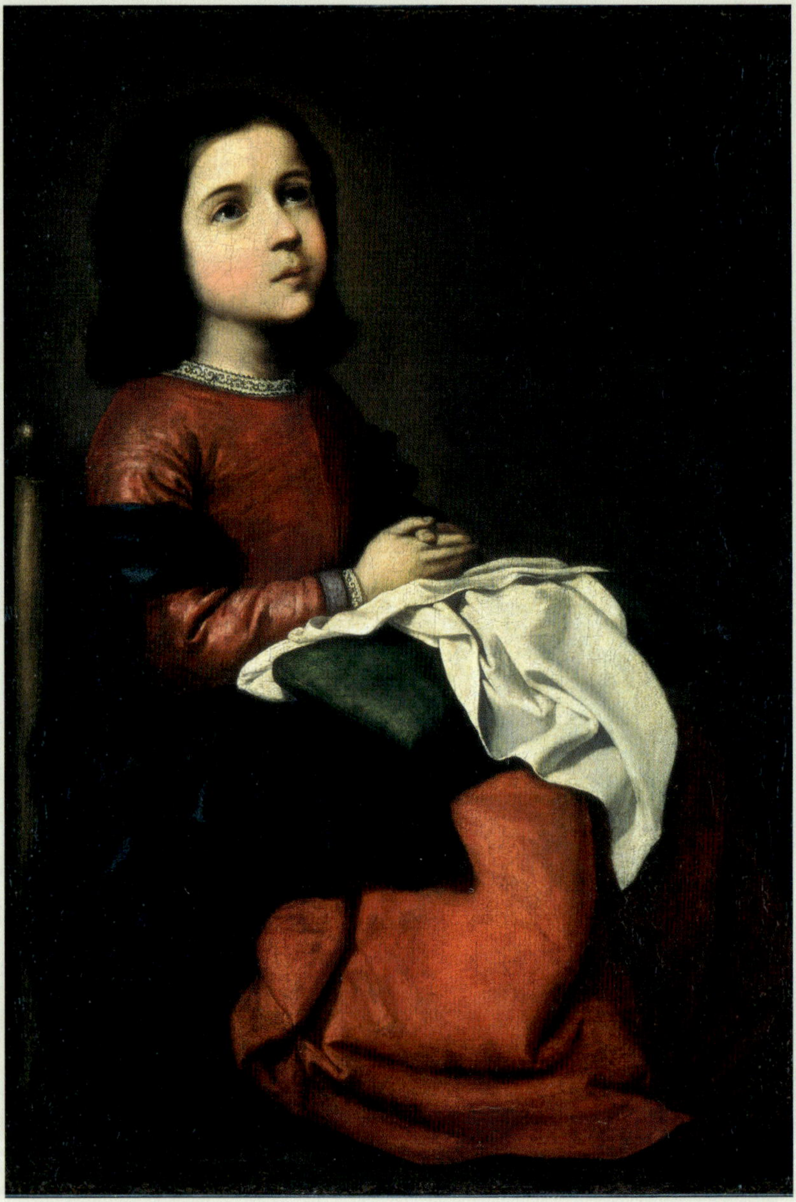

Francisco de Zurbarán, 1598–1664

Maria als Mädchen, um 1660
St. Petersburg, Eremitage

Maria als Mädchen

Francisco de Zurbarán war einer der wichtigsten spanischen Maler der Barockzeit. Wie seine spanischen Zeitgenossen auch, positionierte er seine Heldinnen und Helden oft in dunklen, nicht näher charakterisierten Räumen. Durch die Lichtführung, deren Quelle meist außerhalb des Bilds lag, wurde das Wesentliche trotzdem immer hervorgehoben.

So sitzt nun auch die kindliche Maria in einem Raum, der nicht weiter zu bestimmen ist. Von oben rechts scheint das Licht auf das Kind herab und erleuchtet dabei vor allem Gesicht, Hände und das Werkstück, an dem es gerade arbeitet. Doch die kleine Maria hat ihre Näharbeiten unterbrochen, um zu beten. Gerade eben ist ihr noch ein Missgeschick passiert, das auf den meisten Abbildungen nur schwer zu erkennen ist: Sie hat sich in den Finger gestochen. Blut und Schmerz sind hier bereits Hinweise auf das zukünftige Leben der Muttergottes. Das weiße Tuch, an dem sie arbeitet, und das Nähkissen auf ihrem Schoß scheinen in eine ähnliche Richtung zu deuten. In der Art, wie sie arrangiert sind, spielen Nähkissen und Tuch auf Darstellungen der Pietà an, bei denen in ähnlicher Position Marias toter Sohn Jesus auf ihrem Schoße liegt. Für die spanische Malerei des 17. Jahrhunderts war es sehr typisch, solche Vorverweise auf die zukünftige

Passion im Bild zu zeigen. In einer einzigen Szene konnte manchmal die gesamte Heilsgeschichte erläutert beziehungsweise dargestellt werden.

Die apokryphen Evangelien berichten, dass Maria eine begabte Wollarbeiterin war. Sie durfte kostbarste Materialien bereits in einem Alter spinnen, in dem die meisten Mädchen noch dabei waren, das Handwerk erst zu erlernen. Dadurch wird sie schon als Kind als überaus tugendreiche und kluge Frau charakterisiert, die sie später werden wird.

Solch kleinformatige Bilder, dieses misst nur 73,5 x 53,5 Zentimeter, waren neben ihrem Wert als Sammelstücke eines berühmten Malers auch Objekte privater Frömmigkeit und Andacht. Maria war Vorbild für den Gläubigen, ihr Bild konnte und sollte ihn anregen, fromme Übungen zu verrichten, ihr in Frömmigkeit, tiefem Empfinden und Glauben nachzueifern und zu beten. Im Lateinischen wurde dieser Vorgang als »Imitatio Mariae« bezeichnet.

John William Waterhouse, 1849–1917

Verkündigung, 1914
Privatsammlung

Verkündigung

Von der folgenden Begebenheit aus dem Leben der Jungfrau Maria wird im apokryphen Protoevangelium des Jacobus berichtet: Eines Tages ging Maria ins Freie, um Wasser zu schöpfen. Plötzlich hörte sie eine Stimme, ohne den Sprechenden sehen zu können. »Sie erbebte, ging in ihr Haus hinein, stellte den Krug ab, nahm Purpur, setzte sich auf ihren Stuhl und spann den Purpur.« (11,1) Maria versuchte also, sich durch das Spinnen wieder zu beruhigen und die Anspannung, die auf ihr lag, abzubauen. Im Protoevangelium folgt nun die Verkündigungsgeschichte, die der bei Lukas im Neuen Testament ganz ähnlich ist. Der Unterschied liegt darin, dass im Protoevan-

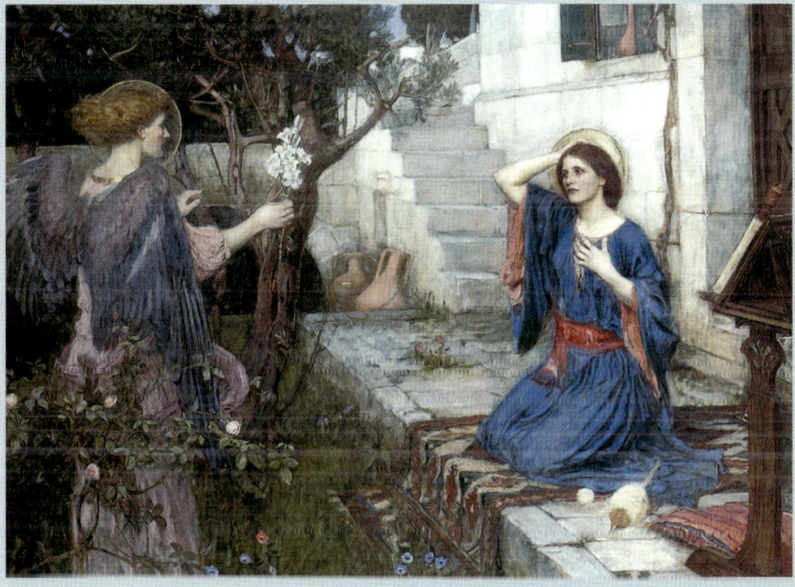

gelium des Jacobus die Verkündigung, bei welcher der Engel Maria mitteilt, dass sie den Erlöser gebären wird, mit Wollarbeiten verbunden wird. Deshalb gab es vor allem in der Kunst des Mittelalters oft Darstellungen, die Maria bei der Ankunft des Erzengels Gabriel spinnend zeigten.

William Waterhouse schuf eine eher dramatische Verkündigung und nahm das Spinnen als uraltes Bildelement in seine Komposition auf. Im Innenhof beziehungsweise im Garten eines Hauses hat Maria wohl gerade gebetet und gearbeitet. Am rechten Bildrand ist noch das Pult mit dem Buch zu sehen, in das sie vertieft gewesen ist. Nun, da der mächtige Engel ihr gegenübersteht, ist sie auf die Knie gesunken, fasst sich voller Schrecken an den Kopf und gleichzeitig mit der anderen Hand an die Brust. In diesem Augenblick fragt sie: »Wie soll das geschehen [...]?« Sie ist mit der Situation sichtlich überfordert. Durch den neben ihr liegenden Spinnrocken und die Spindel ist klar, dass sie gesponnen hat und ihre Arbeit auch wieder aufnehmen wird. Sie wird nicht vom Weg abweichen.

Selbst im späten 19. Jahrhundert stellt Waterhouse Maria, die reinste Jungfrau, Vorbild und Beispiel aller tugendhaften Frauen, noch mit Wollarbeiten dar. Weiterhin ist zu beachten, dass die Auserwählte nicht auf dem maroden Steinboden knien muss, sondern sich auf einem bunten, orientalischen Teppich niedergelassen hat. Auf diese Weise wird der heilige Ort markiert, an dem sich das Wunder vollzogen hat.

Besuch der Engel

In einer gotischen Architektur hat sich die Gottesmutter Maria niedergelassen. Sie strickt an einem roten Gewand für ihren Sohn, der zu ihren Füßen in einem Buch liest. Ein Kreisel und eine Peitsche, um das Spielzeug anzutreiben, liegen neben ihm. Von links sind zwei prachtvolle Engel herangetreten, welche die »Arma Christi« in den Händen tragen, unter der man die Leidenswerkzeuge versteht, mit denen Jesus Christus vor seiner Hinrichtung gefoltert wurde: Lanze, Kreuz, Nägel und Dornenkrone sind gut zu erkennen. Mit der Nähe dieser Gerätschaften bekommt auch die Peitsche, die auf den ersten Blick eher harmlos wirkt, eine neue Bedeutung. Sie verweist jetzt auf die Geißel, mit der Jesus geschlagen wurde. Durch die Engel und die Arma wird dem heranwachsenden Gottessohn schon jetzt offenbart, was er in seiner Zukunft erleiden wird.

In diesem Kontext ist auch Marias Handarbeit zu sehen, denn von dem roten Leibrock werden später wundersame Dinge überliefert. So soll er mit Jesus mitgewachsen und, wie der Evangelist Johannes (19,23 ff.) berichtet, aus einem einzigen Stück gefertigt gewesen sein. Eine Besonderheit, wegen der die Folterknechte den Rock unter dem Kreuz auch nicht zerschnitten. Er war so kostbar, dass sie sich entschlossen, das Los zu werfen, um darüber zu entscheiden, wer ihn bekommen sollte. Damals war es gemeinhin üblich, dass die Henkersknechte unter sich aufteilen durften, was die Hingerichteten noch bei sich führten. Später entstandene Legenden sprechen zudem von der Heilkraft des Gewandes Jesu, dessen Verehrung nach der Entstehung

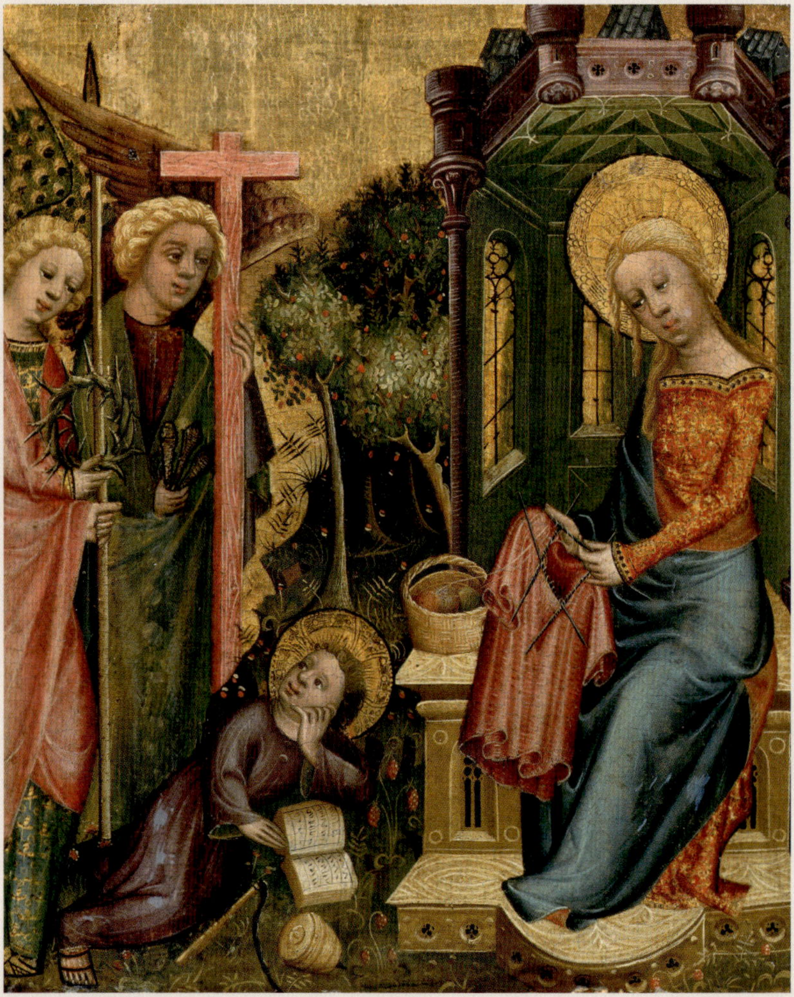

Meister Bertram von Minden, etwa 1345–1415

Besuch der Engel (Einzeltafel des rechten Flügels des Buxtehude-Marienaltars), 1400–1410
Hamburg, Kunsthalle

des Bilds in Deutschland noch zunahm. Seit 1512 wird das ungenähte Gewand in Trier als Reliquie verehrt, die Kaiserin Helena einstmals dorthin gebracht haben soll.

Der Besuch der Engel, der uns auf den ersten Blick so friedlich und sorglos idyllisch erscheint, ist in Wirklichkeit bereits Verweis auf die bevorstehende Folter und Hinrichtung. Und Maria, die Mutter des Gottessohns, strickt nicht nur an einem einfachen Gewand, sondern an einem Kleidungsstück, das innerhalb der Passionsgeschichte eine bedeutsame Rolle spielen wird. Neben der Windel bei der Geburt, dem Mantel der Verspottung und der Schürze bei der Fußwaschung ist der Rock eine der wenigen Textilien, die im Kontext der Heilsgeschichte Erwähnung finden.

Heilige Familie mit Vögelchen

Bartolomé Esteban Murillo gehörte neben Diego Velázquez (1599–1660), der wie er aus Sevilla stammte, Francisco de Zurbarán (1598–1664) und Jusepe de Ribera (1591–1652) zu den wichtigsten Malern des spanischen Barocks. Wie die eine Generation älteren Künstler schuf auch Murillo eine Fülle von Gemälden, die Heilige oder Ereignisse aus der christlichen Heilsgeschichte zeigen.

Mit der »Heiligen Familie mit Vögelchen« erfindet Murillo sozusagen eine Szene aus der Kindheit Jesu. Dabei stellt er die Heilige Familie wie eine ganz normale glückliche Kleinfamilie dar. Von einer Verherrlichung ist sein Bild weit entfernt. Obwohl es eine Alltagsbegebenheit ist, der sich der Künstler hier widmet, ist es bei Weitem kein banales Motiv, denn er thematisiert nichts Geringeres als die Vaterliebe und die mütterliche Fürsorglichkeit. So wird das Bild zur gemalten Glaubensverkündigung im Zeitalter der katholischen Reformbewegung, der Gegenreformation.

Im Zentrum des Bilds sitzt der heilige Joseph, Zieh- und Nährvater des Heilands, am Boden. Sein Sohn, der ein kleines, verängstigtes

Vögelchen in der Hand hält, schmiegt sich an ihn. Mit dem Vogel scheint er die Jagdtriebe des kleinen weißen Schoßhunds provozieren zu wollen. Auf den ersten Blick erscheint uns das Bild grausam. So etwas trauen wir Jesus, dem Friedfertigen, nicht zu. Um die volle Bedeutung zu verstehen, müssen wir denn auch wissen, dass der Vogel in der christlichen Kunst auch ein Symbol für die Seele des Menschen ist, die auf diesem Bild in der Hand des Erlösers vor den Feinden geschützt ist – so auch vor dem Hund.

Die haspelnde Maria sitzt etwas abseits. Mit mütterlichem, stillem Stolz und leicht melancholischem Blick beobachtet sie das noch sorgenfreie Tun ihres Sohnes. Sie steht mal wieder für die tugendhafte Frau, die in ihren Aufgaben als Mutter und Hausfrau aufgeht.

Vor allem durch und seit der heiligen Teresa von Ávila (1515–1582) gab es in Spanien eine ganz besondere Verehrung des heiligen Joseph, die durch den Orden der Karmeliter weitergeführt und gepflegt wurde. Möglicherweise hat sich Murillo für sein Bild durch eine Schrift des Karmeliters Graciano de la Madre de Dios beeinflussen lassen. Dieser publizierte 1597 ein Buch über den Ziehvater von Jesus, in dem berichtet wird, dass Joseph Jesus stets kleine Geschenke mitbrachte, wenn er nach Hause kam. Auch der kleine Vogel könnte ein Geschenk väterlicher Liebe sein.

nächste Doppelseite:
Bartolomé Esteban Murillo, 1618–1682

Heilige Familie mit Vögelchen, um 1649
Madrid, Prado

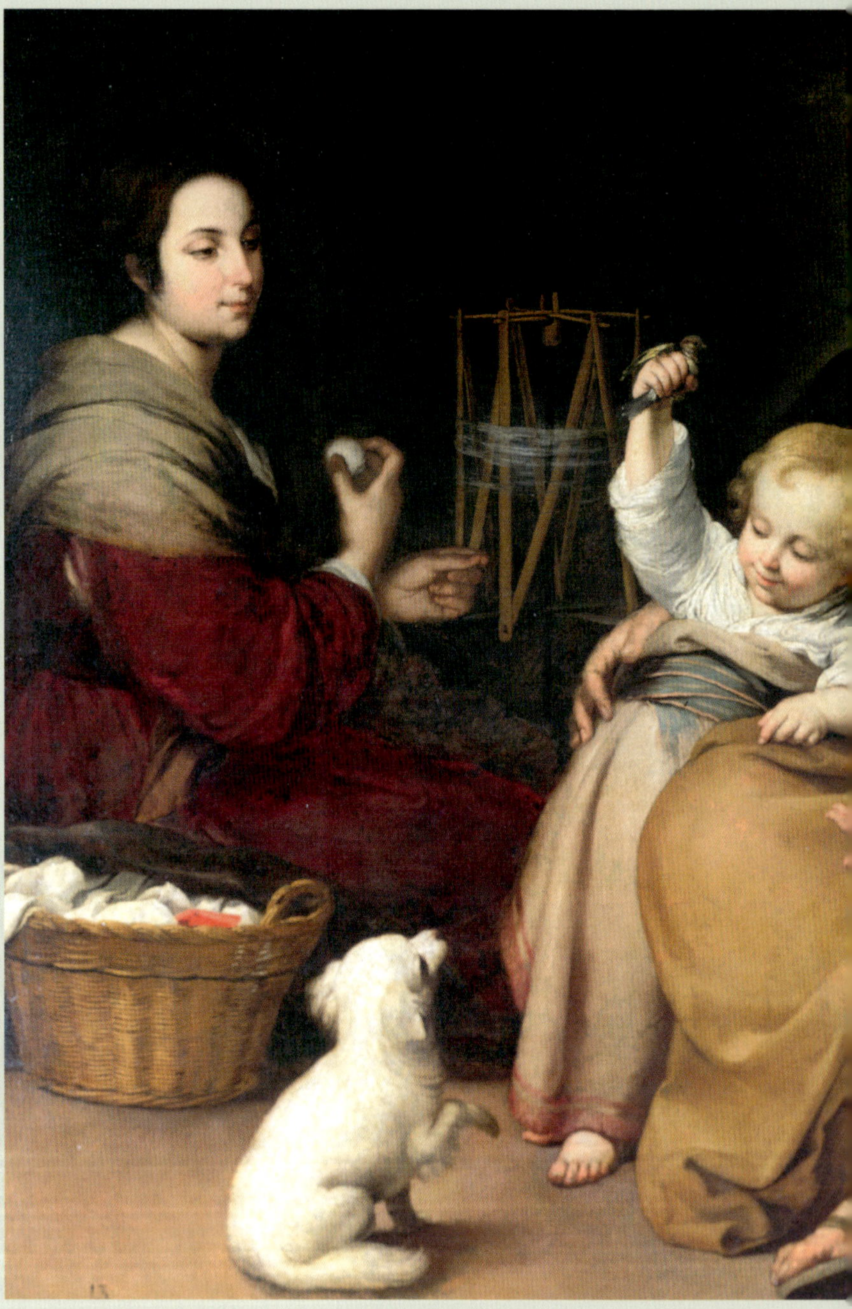

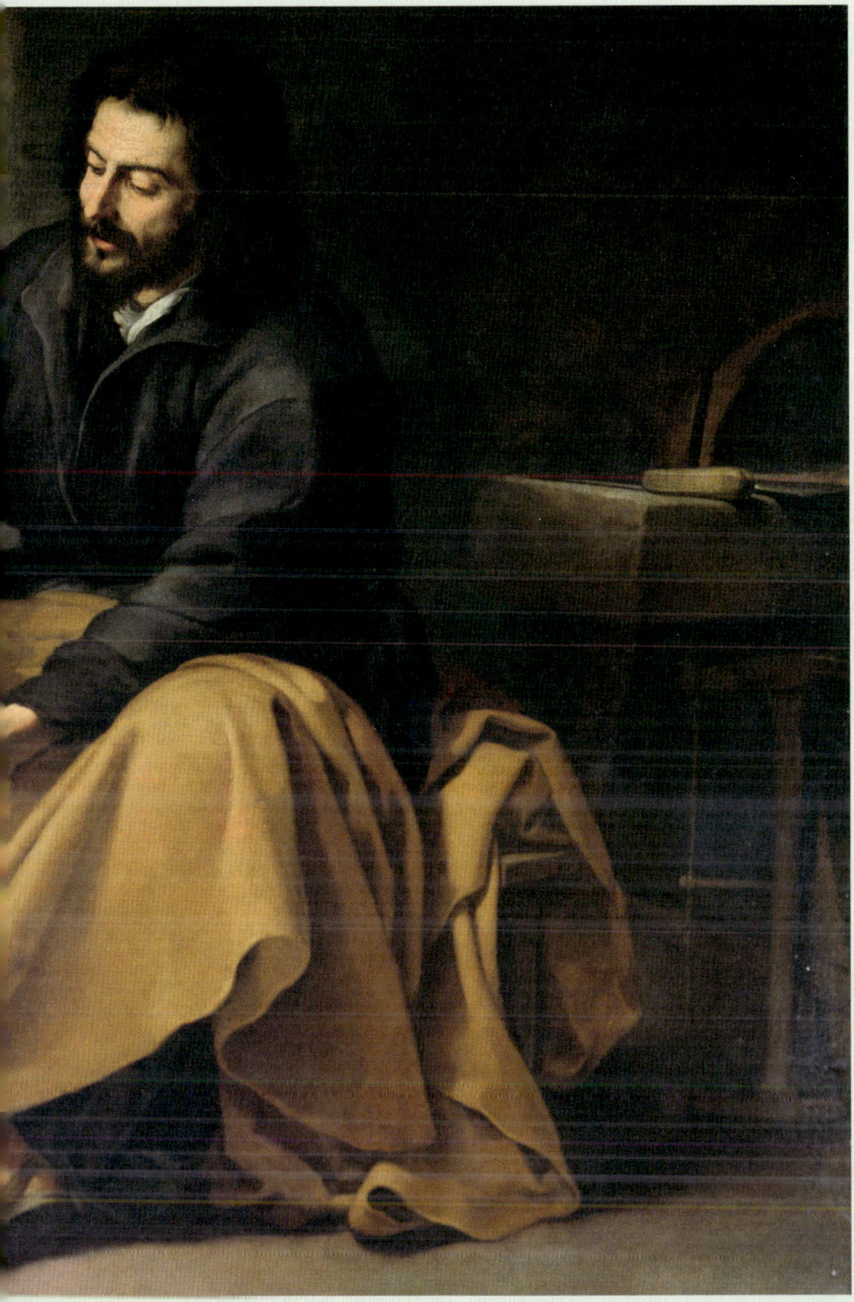

Die heilige Elsbeth (Elisabeth)

Hans Baldung, genannt Grien, arbeitete nach seiner Lehrzeit vermutlich bei Albrecht Dürer in Nürnberg, vornehmlich aber in Straßburg und Freiburg. Neben Matthias Grünewald war er, der Schöpfer des Holzschnitts der heiligen Elisabeth, der wichtigste Künstler am Oberrhein im frühen 16. Jahrhundert.

Die heilige Elisabeth hat sich in der Darstellung unter ihre Mägde begeben, mit denen sie wie in einer Spinnstube arbeitet. Da sie die wichtigste Person der Grafik ist, sitzt sie – umstrahlt von einem Heiligenschein – in der Mitte des Bilds und ihrer Gefährtinnen, während ihr Name in einer Banderole genannt wird: »Elsbeth«.

Auch hier findet sich das Motiv der spinnenden beziehungsweise wollarbeitenden Fürstin oder Adligen, wie es schon bei Gaia Caecilia und Penelope gezeigt wurde. Bei Elisabeth werden die Wohlanständigkeit und Gottesfurcht nun um ein weiteres Thema ergänzt: Sie erfüllt die »Sieben Werke der Barmherzigkeit«, zu denen auch das Kleiden der Nackten zählt. Elisabeth und ihre Mägde spinnen Wolle, die zu Stoff verwoben wird, aus dem wiederum Kleider gefertigt werden, die man an die Ärmsten der Armen verteilt. Damit realisieren

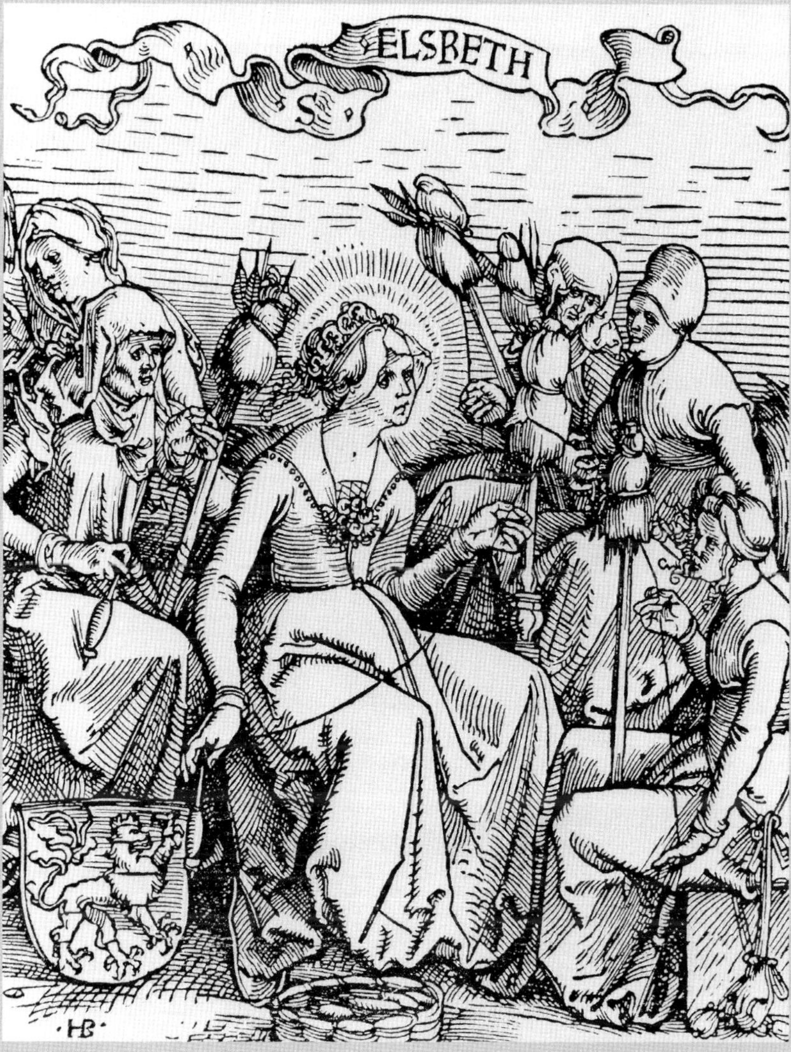

Hans Baldung gen. Grien, 1484/85–1545

Die heilige Elsbeth (Elisabeth), 1511

die Frauen das Wort Christi, das der Evangelist Matthäus überliefert: »Ich war nackt, und ihr habt mir Kleidung gegeben.« (Mt 25,36)

Die Werke der Barmherzigkeit zu erfüllen war ein Weg, Christus nachzufolgen (Imitatio Christi), was wiederum eine der Voraussetzungen darstellte, um beim Jüngsten Gericht zu den Auserwählten zu gehören. So diente denn diese Darstellung Elisabeths als Vorbild für alle Christen.

Zusammenfassend ist Baldungs Holzschnitt also nicht nur eine Darstellung der Heiligen, sondern auch ein Bild, das den Betrachter zur Nachfolge Christi auffordert und ermahnt.

Zu seiner »Elsbeth« ließ sich Baldung übrigens von einem Holzschnitt des Künstlers Hans Burgkmair anregen. Beide Werke dienten als Illustrationen zu einer gedruckten Predigtsammlung des Straßburger Theologen Johannes Geiler von Kaysersberg, die 1510/11 unter dem Titel »Das buch (sic!) Granatapfel« erschien.

St. Elisabeth von Ungarn

Obwohl die heilige Elisabeth in dieser Darstellung noch ein Kind ist, hat ihr die Künstlerin Marianne Stokes bereits einen Heiligenschein verliehen. Mit großer Konzentration widmet sich die spätere Heilige dem Spinnen. Das Spinnrad war zu Elisabeths Zeit (1207–1231) noch eine neuartige Erfindung, die gerade dabei war, sich in Mitteleuropa durchzusetzen. Es muss fraglich bleiben, ob Marianne Stokes um diesen Umstand wusste, als sie ihre Elisabeth schuf. Fest steht jedoch, dass die aus Graz stammende Malerin, die bei ihrem Studienaufenthalt in Frankreich ihren späteren Ehemann kennenlernte, mit dem sie 1884 nach England ging, das mittelalterliche Ambiente liebte und sich recht gut mit der Malerei dieser Zeit auskannte. Das beweist nicht nur das grüne Tuch, das Elisabeth als Hintergrund dient und sie so hervorhebt, sondern auch das Christusbild, das links des Tuchs an der Wand hängt. Es zeigt eine »Vera ikon«, den Christustyp, von dem man im Mittelalter glaubte, er sei auf wundersame Weise durch Christus selbst entstanden. Doch Stokes versucht bei der Darstellung nicht, ein Bild aus Elisabeths Lebzeit, also aus dem frühen 13. Jahrhundert, nachzuahmen, vielmehr schien es der Künstlerin um den bloßen Anschein von Mittelalter zu gehen, historische Genauigkeit wurde dabei vernachlässigt.

Die heilige Elisabeth spielte auch in der »Legenda aurea« eine große Rolle, bei der es sich um die einflussreichste Legendensammlung des

Mittelalters handelt, die Mitte des 13. Jahrhunderts zusammengestellt wurde. In ihr findet man Folgendes über Elisabeth als Erwachsene: »Oft webte sie Wolle mit ihren Mägden und webte selbst mit ihren eigenen Händen, daraus hieß sie Kleider machen.« Diese Gewänder wurden dann an die Armen und Bedürftigen verteilt.

Stokes scheint in ihrem Bild das Wissen über das spätere Leben der Tochter des Königs von Ungarn bereits auf die noch Jugendliche zu übertragen. Damit beschritt die Malerin neue Wege, denn in der Kunst gibt es nur wenige aus der Zeit vor der Mitte des 16. Jahrhunderts stammende Darstellungen der Fürstin, die im Kreise ihrer Mägde spinnt. Die ungewöhnliche Art der Ikonografie erscheint dem heutigen Betrachter dennoch logisch, denn schließlich war es bis zur Heiligkeit ein langer und beschwerlicher Weg.

Marianne Stokes (geb. Preindlsberger), 1855–1927

St. Elisabeth von Ungarn, 1895
Privatsammlung

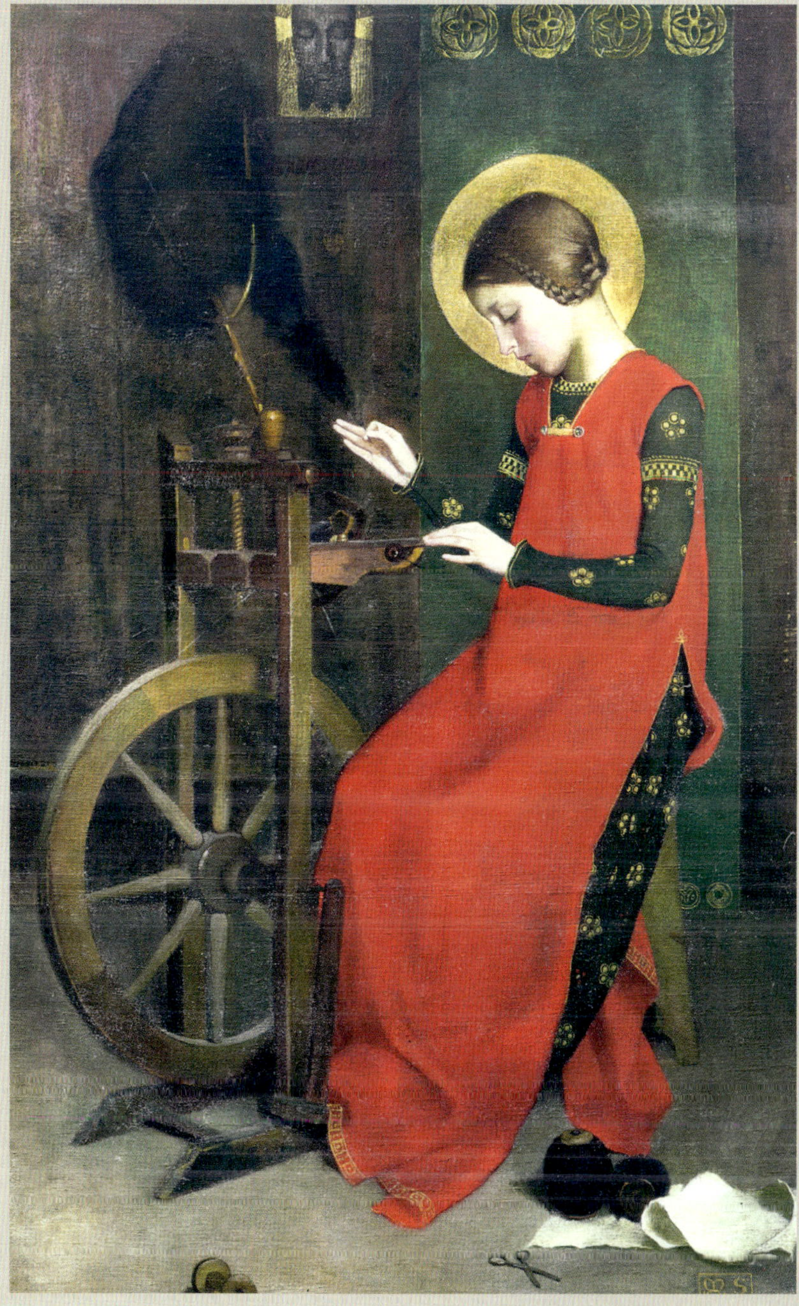

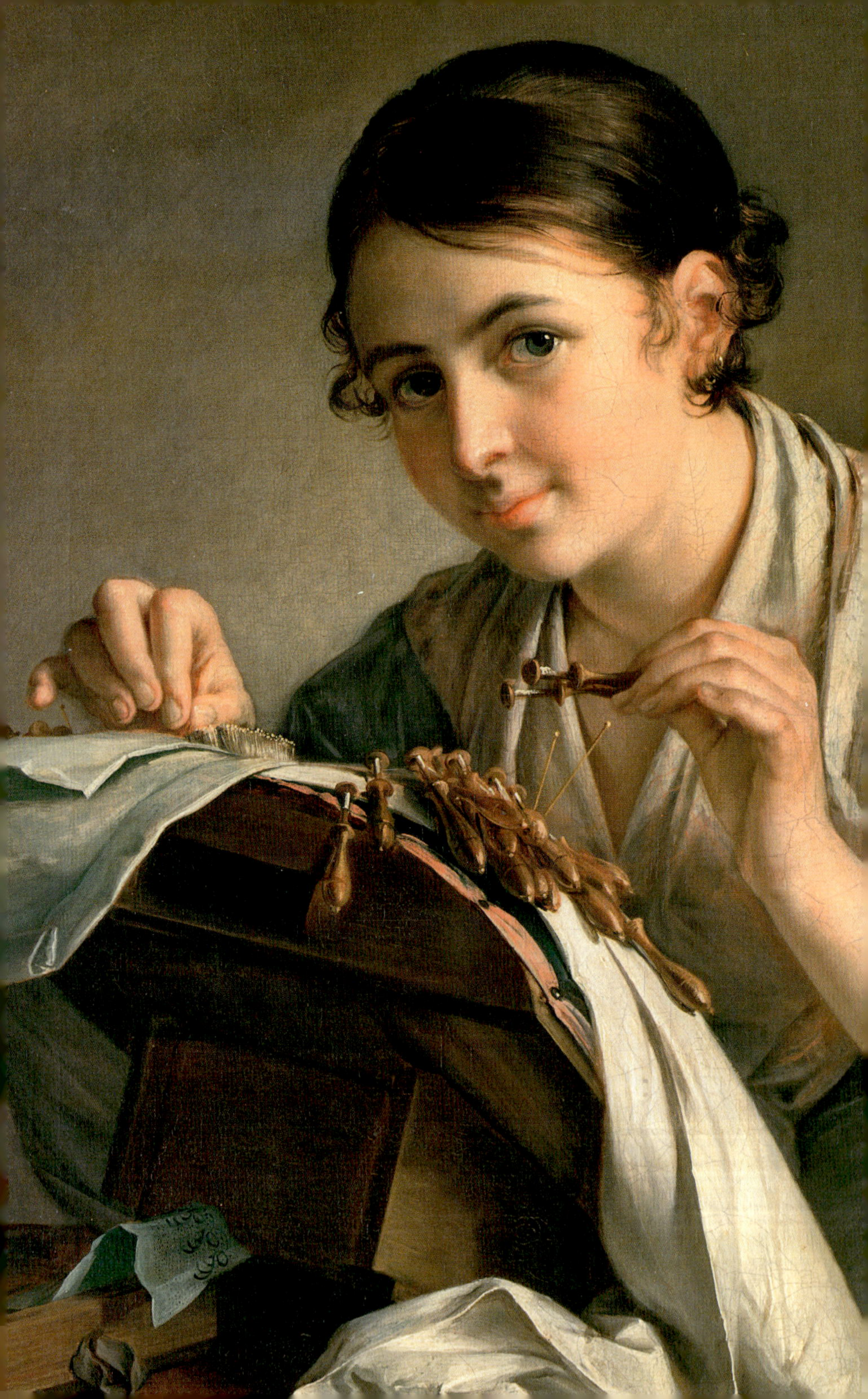

Süßer Fleiß: Fürstin, Hausfrau, Bürgersmädchen

»Eine tüchtige Frau, wer findet sie?
Sie übertrifft alle Perlen an Wert.
Sie sorgt für Wolle und Flachs
und schafft mit emsigen Händen.
Nach dem Spinnrocken greift ihre Hand,
ihre Finger fassen die Spindel.«

SPRÜCHE SALOMOS

Metz Unmuße

Wer kennt sie nicht, die überemsige Hausfrau, die ständig ihren Platz verlässt, um hier zu kramen und dort zu rücken? Doch das Phänomen ist nicht neu, schon im Mittelalter gab die Hyperaktivität so mancher (Haus-)Frau Anlass zum Spott.

Am Oberrhein, wahrscheinlich in Basel, ist dieser Bildteppich entstanden, der sich zum einen über die Frau lustig macht, zum anderen aber auch vor ihrer übertriebenen Emsigkeit warnt. So sagt denn auch der junge Mann, der ihr begegnet, in der ins moderne Hochdeutsch übertragenen Übersetzung: »Liebes Metzelein, wie magst du so ohne Muße sein?« Die auf einem Esel Reitende antwortet ihm darauf: »Unmuße hab ich viel, wenn ich zu Markte will.« Und tatsächlich ist die abgebildete Frau ein Musterbeispiel für gelebtes Multitasking: Sie spinnt und haspelt, balanciert auf dem Kopf einen Korb mit Federvieh und einem Topf, hütet auf ihrem Arm einen Säugling und passt auch noch auf das mitlaufende Vieh auf.

»Metz« war ursprünglich wohl die Koseform von Mehthilt und deren Nebenformen wie beispielsweise Mechthild. Doch im Laufe der Jahre wurde der Name auch zu einem feststehenden Begriff, mit dem die ganz normale Frau bezeichnet wurde, so wie etwa heute »Lieschen Müller«. In der »Geistlichen Spinnerin« von 1511, die vom volkstümlichen Straßburger Theologen Geiler von Kaysersberg (1445–1510) stammt, steht ins moderne Deutsch übertragen geschrieben: »Das wäre eine rechte Hausfrau [Frawmetz], die durch und durch haushalten könnte; wenn man Frawmetz malt, dann hat sie einen Korb

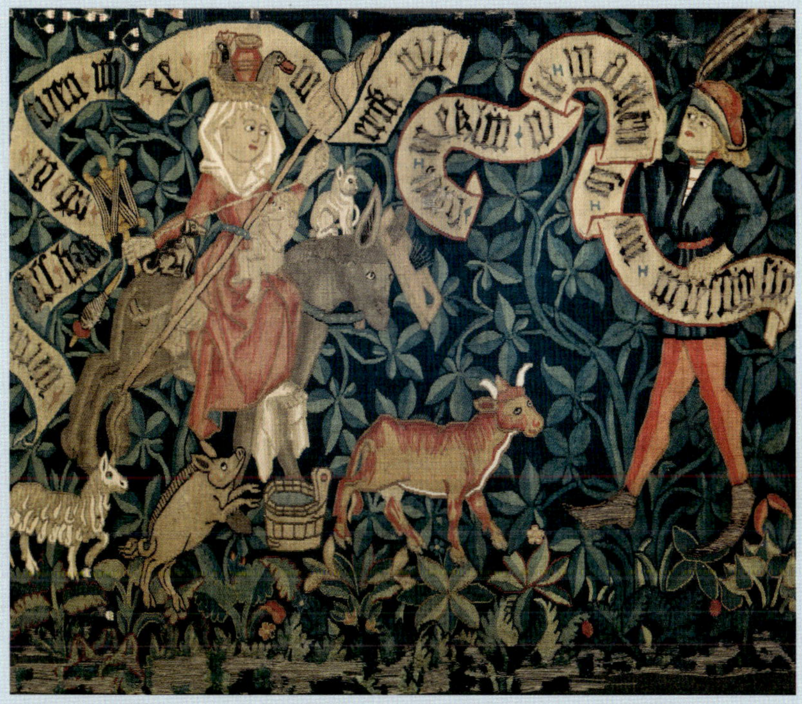

mit Eiern auf dem Kopf und einen Korb mit Schüsseln auf dem Rücken und ein Kätzchen auf der Schulter.« Offenbar waren Darstellungen wie die auf dem Bildteppich weithin bekannt.

Die Herstellung von solchen Wandbehängen in Basel ist auch kulturgeschichtlich interessant. Damals gab es dort Weberinnen, die in die Haushalte von vornehmen Stadtpatriziern kamen und für diese dort Bildteppiche wirkten, wobei Webstuhl und notwendiges Material vom Auftraggeber gestellt wurden. Die Weberinnen, die meist alleinstehende Frauen waren, wurden von dieser Tätigkeit zwar nicht reich, doch immerhin reichte es für ihren Lebensunterhalt.

Metz Unmuße, Oberrhein (Basel)

Bildteppich, um 1470/80
Köln, Museum für Angewandte Kunst

Das Überreichen der Geschenke an die Braut

Auf dem Gemälde wird eine niederländische Hochzeit gefeiert. Stolz sitzt die wohlbeleibte Braut mit ihrer Brautkrone vor einem intensiven roten Ehrentuch, durch das sie hervorgehoben und als Hauptperson kenntlich gemacht wird. Neben ihr haben ihre Eltern Platz genommen.

Von allen Seiten strömen nun die Gäste herbei. Wie bei der Braut handelt es sich um wackere Landmenschen, die Präsente mitbringen: Dinge, die für einen funktionierenden Haushalt eine gewisse Notwendigkeit besaßen, aber auch Geld war nicht unüblich. Die Münzen wurden auf einen großen Teller gelegt. Manche Geschenke hatten eine zu erwähnende, hohe Rollenspezifik. Die von links kommende Frau hat beispielsweise einen geflochtenen Kinderkorb dabei, in dem ein Neugeborenes die ersten Wochen zubrachte und in dem es vor Zugluft geschützt war. Im Gegensatz zu heute gehörten damals Kinder zur Ehe stets dazu, und die entsprechende Erstausstattung wurde schon bei der Hochzeit geschenkt. Und von ganz rechts außen nähert sich eine ältere Frau mit weißem Kopftuch, die ihr Geschenk hoch über die Köpfe aller Gäste hebt: Spinnrocken und Spindel. Der Rocken ist zwar klein und nicht allzu üppig mit Flachs bestückt, doch die Absicht ist dennoch klar: Die neue Ehefrau soll zu tun haben!
Die Arbeit soll ihr nicht ausgehen, sie möge immer etwas zum Verspinnen haben, um nicht auf moralische Abwege zu geraten, denn die Straße der Tugendhaftigkeit soll und darf nicht verlassen werden.

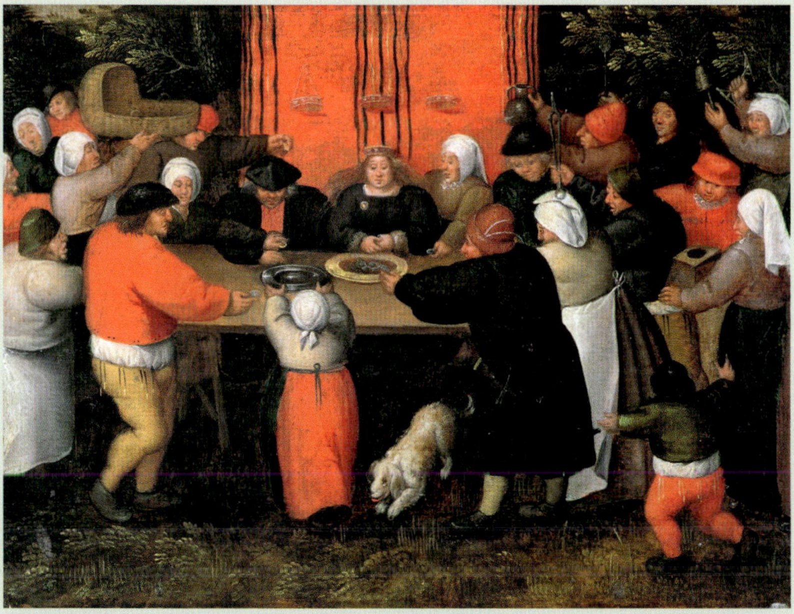

Die Bildaussage lässt den kenntnisreichen Betrachter an römische Hochzeitsbräuche denken, von denen der Maler jedoch kaum gewusst haben dürfte. Seit den Tagen der Gaia Caecilia war es üblich, dass römischen Bräuten im Brautzug Spindel und Spinnrocken mitgetragen wurden. Die Frau brachte ihre Arbeitskraft mit in die Ehe, doch für das Material der Arbeit war der Ehemann zuständig.

Das vermutlich von Pieter Brueghel dem Jüngeren geschaffene Gemälde stammt wahrscheinlich aus einem Zyklus, der Szenen rund um das Heiraten zeigt. Von ihm besitzt das Eesti Kunstimuuseum in Tallinn auch noch ein zweites Bild, das den Hochzeitszug der Braut darstellt.

vermutlich Pieter Brueghel der Jüngere,
1564/65–1637/38

Das Überreichen der Geschenke an die Braut, o. J.
Tallinn, Eesti Kunstimuuseum

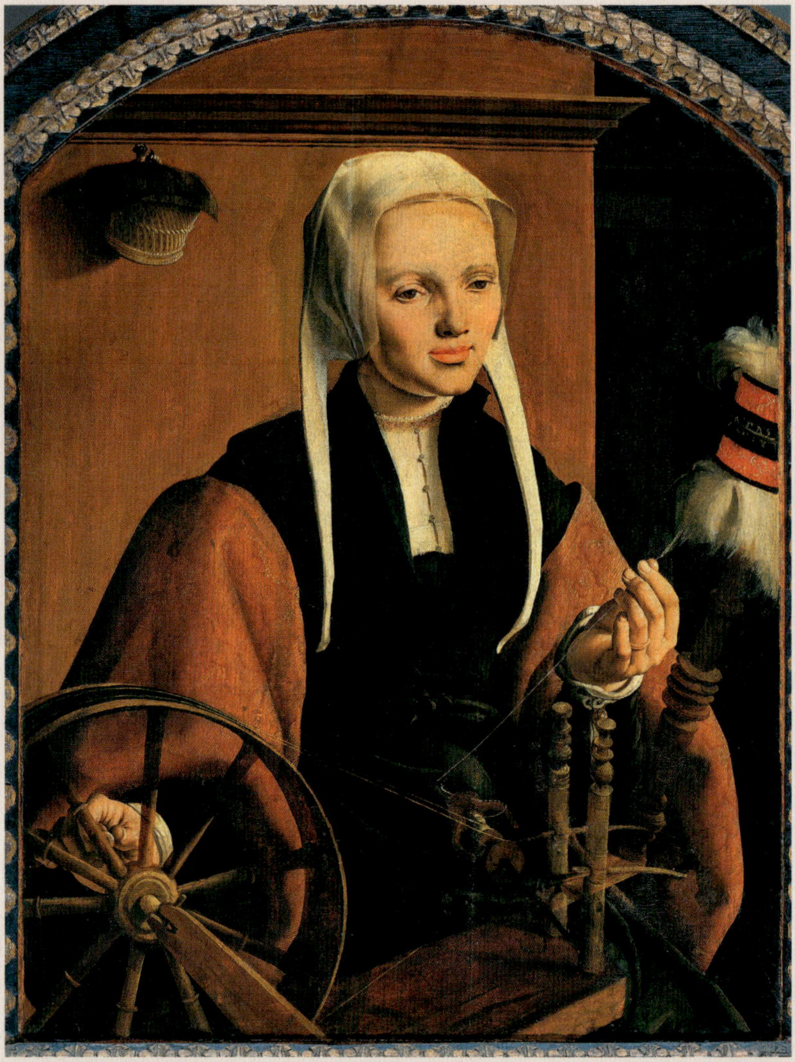

Maerten van Heemskerck, 1498–1574

Porträt einer Frau am Spinnrad, 1529
Amsterdam, Rijksmuseum

Porträt einer Frau am Spinnrad

Maerten van Heemskerck, der Künstler des Bilds, verbrachte längere Zeit seines Lebens in Italien und malte auch mythologische sowie religiöse Themen. Mit der Darstellung einer jungen Frau am Spinnrad schuf er eines der ersten Bilder überhaupt, das eine (Haus-) Frau so lebensnah in ihrem ureigensten Umfeld zeigt.

Die junge Frau schaut versonnen gen Boden. Züchtig und schamhaft vermeidet sie es, den Betrachter direkt anzuschauen. Eine weiße, eng anliegende Leinenhaube bedeckt ihren Kopf, was zeigt, dass sie »unter der Haube«, also verheiratet, ist. Mit der rechten Hand dreht sie das Schwungrad des Spinnrads, während sie mit der linken den Faden zieht. Der sehr ordentliche Rocken, damals Stolz einer jeden Frau, ist reichlich mit Flachs bestückt und wird durch ein rotes, besticktes Band zusammengehalten.

Auf einem zweiten Bild ist ihr Ehemann dargestellt, der uns ausgesprochen selbstbewusst und schon fast ein wenig arrogant ansieht. Die ihn umgebenden Münzen und Geschäftsbücher weisen ihn als einen wohlhabenden Kaufmann aus. Zeitweise hielt man ihn aufgrund seiner Attribute für den Münzmeister und Schöffen Pieter Bicker Gerritsz und sie für dessen Ehefrau Anna Codde, die beide aus vornehmen niederländischen Familien stammten, doch diese Identifizierung der Personen konnte bis heute nicht aufrechterhalten werden. Dennoch gilt es als sicher, dass es sich bei dem dargestellten Paar um Eheleute der niederländischen Oberschicht des frühen 16. Jahrhunderts handelt.

Zur Verdeutlichung der Situation können die Verse 31,13 ff. aus den Sprüchen Salomos herangezogen werden, in denen es heißt: »Sie sorgt für Wolle und Flachs und schafft mit emsigen Händen. [...] Nach dem Spinnrocken greift ihre Hand, ihre Finger fassen die Spindel.« Offenbar soll Welt und Nachwelt mitgeteilt werden, wie tugend- und schamhaft, emsig und fleißig die Dargestellte ist. Durch eine Inschrift auf dem Bilderrahmen sind ihr Alter mit sechsundzwanzig Jahren und die Entstehung des Bilds mit 1529 überliefert.

Seit dem 16. Jahrhundert haben sich zahlreiche Darstellungen von Ehepaaren erhalten. Doch obgleich das Spinnmotiv ausgesprochen beliebt war, gibt es auffallend wenige Bildpaare, die spinnende oder handarbeitende Ehefrauen zeigen.

Selbstbildnis

Maria Christina war eine Tochter der Kaiserin Maria Theresia und eine Schwester der berühmten, später enthaupteten Königin Marie-Antoinette von Frankreich. Da Mutter und Tochter eine innige Beziehung zueinander hatten, erlaubte Maria Theresia der Prinzessin, den Mann zu heiraten, den sie liebte, obwohl ihre Wahl, Prinz Albert von Sachsen, politisch keine allzu nützliche Partie war. Nach dem Tod ihres Vaters, Kaiser Franz I., der sich stets gegen die Verbindung ausgesprochen hatte, konnte Maria Christina endlich ihren Albert ehelichen. Immerhin hatte ihre Mutter ihn mittlerweile zum Statthalter Ungarns ernannt und ihm umfangreiche Gebiete im österreichischen Teil Schlesiens nahe von Teschen überlassen, sodass er sich fortan »Herzog von Teschen« nennen durfte.

Wie seine Ehefrau war auch Albert von Sachsen-Teschen der Kunst ausgesprochen zugewandt. So gründete er unter anderem die wundervolle »Albertina«, eine der größten Grafiksammlungen der Welt, die ihren Sitz noch immer in Wien hat. Seine Gattin hatte durchaus das Zeug zu einer Malerin. In dem Selbstbildnis stellt sie sich in einem Raum dar, dessen Rückwand mit zahlreichen Gemälden geschmückt ist. Auf ihren Knien steht ein kleines, fast miniaturhaft anmutendes Spinnrad, mit dem die Erzherzogin spinnt. Die Feinheit des Arbeitsgeräts lässt an sehr dünne Seidenfäden denken.

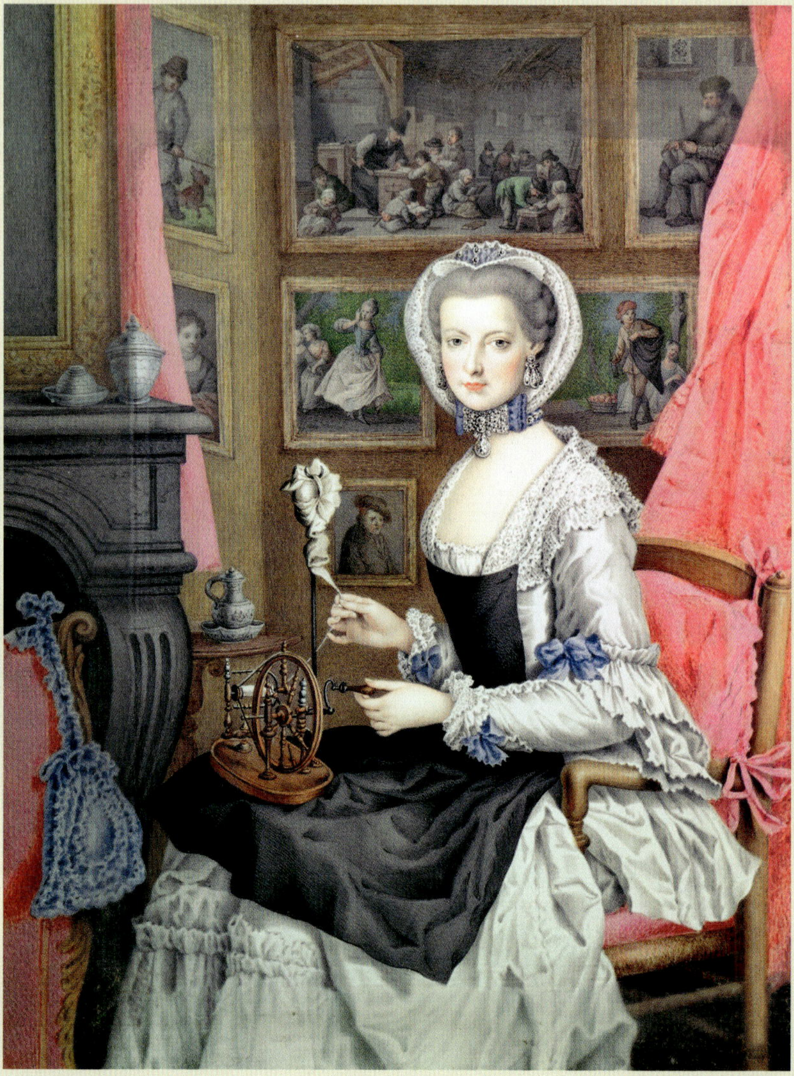

Maria Christina (Christine)
Erzherzogin von Österreich, 1742–1798

Selbstbildnis, 1776
Wien, Kunsthistorisches Museum

Mit Haube und edlem Kleid geschmückt, hat sich Maria Christina zudem eine Arbeitsschürze umgebunden, obgleich das Spinnen doch an sich eine saubere Arbeit ist. Wahrscheinlich will sie dadurch ihr Seidenkleid vor Abnutzungen durch das Spinnrad schützen. In der Darstellung präsentiert sich die hochgeborene junge Frau nicht nur als fleißig, geschickt und reinlich, sondern durch das Schonen der Kleidung zudem als sparsam. Damit erfüllt sie alle Tugenden einer bürgerlichen Ehe- und Hausfrau, in deren Tradition sie sich abbildet. Da es die Erzherzogin selbst ist, die diese Tugenden an sich betont und der Nachwelt von sich überliefert, zeigt sie uns, dass sie, die Tochter der Kaiserin, durchaus vom Gedankengut der Aufklärung mit ihrem Gleichheitsgedanken beeinflusst wurde.

Löbliche häusliche Beschäftigung

Die Malerin Suzette Henry gehörte im 18. Jahrhundert zu den sehr wenigen Frauen, die in die Berliner Akademie der Künste aufgenommen wurden. Vielleicht lag das an ihrer guten Ausgangssituation: Ihr Vater war der berühmte Grafiker Daniel Chodowiecki (1726–1801), von dem Suzette ihren ersten Unterricht erhielt.

»Umgeben von ihren drei Kindern sitzt die gute Mutter und sittsam Gattin ohne fremde Gesellschaft zu Hause und beschäftigt sich in Abwesenheit ihres Mannes, nebst ihrer heranwachsenden Tochter mit Nähen. [...] Eine edle Einfalt und Unschuld der Sitten, häusliche Ruhe und nützliche Beschäftigung scheinen hier an der Tagesordnung zu seyn.« Mit diesen Worten wurde Suzette Henrys Gemälde im Katalog der Berliner Akademieausstellung beschrieben. Zu diesem Bild malte Henry übrigens noch ein Pendant, auf dem eine ausschweifende Hausfrau die Abwesenheit des Gatten missbraucht. Die »Löbliche häusliche Beschäftigung«, die mehrfach nachgestochen auch als Illustration in Almanachen des frühen 19. Jahrhunderts Verwendung fand, hat einen hohen sittlichen und pädagogischen Anspruch.

Die Frau, deren Mann hinaus in die Welt gezogen ist, um seinem Beruf nachzugehen, hat die Kinder zu hüten und sich fleißig und nützlich zu beschäftigen. Sie versorgt ihren Nachwuchs und erzieht ihn im Pflichtbewusstsein und Fleiß. Ihr eigenes Lebensprogramm und das Ausfüllen von Rollenerwartungen gibt sie somit an die nächste Generation weiter.

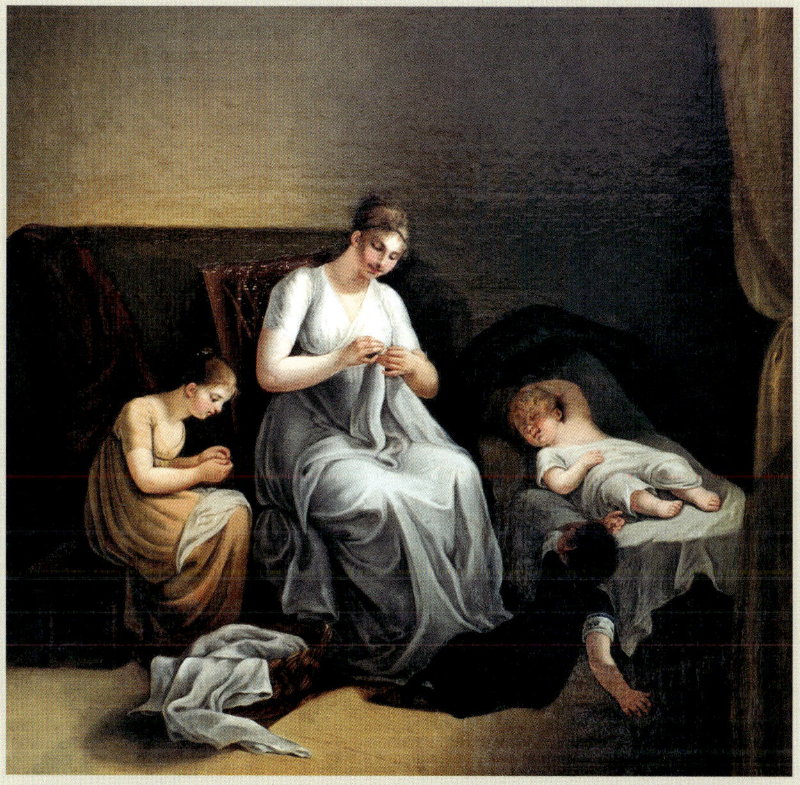

Suzette Henry malte vor allem moralisierende Bilder. Da diese in Massen druckgrafisch verbreitet wurden, diente das so sichtbar gemachte Ideal von tugendhaftem Verhalten auch der Mädchen- und Frauenerziehung. Hatte die Männerwelt noch im 18. Jahrhundert lesende Frauen mit Argwohn beäugt, so machte sie sich nun deren Leseleidenschaft zunutze, indem tausendfach Texte und Bilder veröffentlicht wurden, die stark moralisierend und erzieherisch geprägt waren.

Suzette Henry (geb. Chodowiecki), 1763–1819

Löbliche häusliche Beschäftigung, 1802
Celle, Bomann-Museum

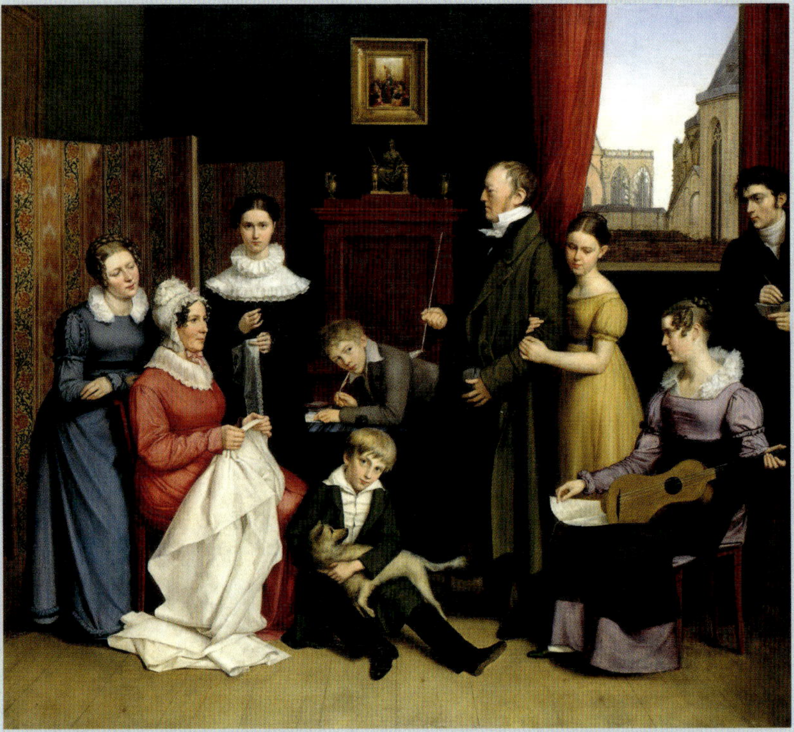

Carl Joseph Begas, 1794–1854

Die Familie Begas, 1821
Köln, Wallraf-Richartz-Museum & Fondation Corboud

Die Familie Begas

Die Familie Begas« ist sicher eines der schönsten deutschen Familienbilder des frühen 19. Jahrhunderts. In einem Wohnzimmer, das sparsam mit Möbeln ähnlich denen des Biedermeiers eingerichtet ist, hat sich die Familie des Franz Anton Begasse, Richter beim Königlich Preußischen Landgericht in Köln, eingefunden. Dass Richter Begasse, dessen Sohn den Namen später in Begas eindeutschen wird, ein Patriarch ist, der über seine Familie herrscht, daran lässt das Bild keinen Zweifel. Streng und wachsam steht er wie ein Hirte in der Mitte der Seinen, seiner Herde. Da es den Sohn Carl, den Maler des Bilds, aber fort aus Köln nach Berlin zieht, stellt er sich, der sozusagen nur noch halb zur Familie gehört, am rechten Bildrand, in sein Skizzenbuch zeichnend, dar.

Die Ehefrau, die vier Töchter und die drei Söhne Begasses wirken auf dem Bild wie versteinert, sie verharren starr in ihrem Tun. Frau Begasse sitzt ihrem Ehemann gegenüber auf einem Stuhl. Sie trägt eine weiße Haube aus kostbarer Spitze, womit sie züchtig ihren Ehestand dokumentiert, und umsäumt ein schweres, großes Leinentuch, das bis zum Boden hinabreicht. Sogar bei einer repräsentativen Familiendarstellung mag sie nicht auf das Handarbeiten verzichten. Heutzutage würde sich eine wohlhabende Frau wohl kaum mit Näharbeiten im Kreise ihrer Familie vom Fotografen porträtieren lassen!

Rechts hinter der Gattin steht die Tochter Helene, die als Einzige den Betrachter direkt anblickt und ihn somit in das Bild einführt, was ihr eine besondere Bedeutung verleiht. Auch Helene hält in ihrer linken Hand ein langes Stück Stoff, das sehr dünn und durchscheinend gewebt ist, während sie mit der Rechten die Nadel zum Nähen umfasst. Der Betrachter kann vermuten, dass sie eine Spitzenborte an den Streifen näht oder ihn umsäumt. Ihre Schwester Gertrud hat wie die Mutter auf einem Stuhl Platz genommen und soeben ihr Gitarrenspiel unterbrochen. Musizieren und Textilarbeit zeichnen viele Gemeinsamkeiten aus, denn Tugenden wie Ausdauer, Geschicklichkeit und Fleiß werden durch beide Tätigkeiten erlernt und geübt, weshalb sie auch zu den wichtigsten Erziehungszielen von Mädchen gehören. Die jüngste Tochter schmiegt sich behutsam und liebevoll an den Arm des Vaters, die älteste aber, die weder näht noch musiziert, wird mit diesem Verhalten mit an Sicherheit grenzender Wahrscheinlichkeit unverheiratet bleiben. Die abgebildeten Knaben hingegen dürfen die Welt entdecken, sich geistig im Schreiben oder Rechnen üben und sogar mit dem Hund spielen.

Die Spitzenklöpplerin

Tropinins Leben hört sich an wie ein Roman: Nachdem er als Leibeigener geboren wurde, lernte er das Malen zuerst heimlich, bevor er zur Ausbildung nach St. Petersburg geschickt wurde. Später musste er fernab kultureller Zentren in der Ukraine leben, durfte aber verhältnismäßig oft nach Moskau reisen. Erst 1823, als Tropinin endlich aus der Leibeigenschaft entlassen wurde, stand seiner offiziellen Anerkennung und Mitgliedschaft in der Akademie nichts mehr im Wege. In St. Petersburg hatte er bei Stephan Shchukin (1762–1828), einem Lehrer an der dortigen Akademie und guten Porträtisten, studieren dürfen. Sein ganzes Leben blieb Tropinin diesem Genre treu, davon zeugen mehr als 3000 Porträts. Unter den Dargestellten finden sich bedeutende Intellektuelle wie beispielsweise Alexander Puschkin, Militärs und Adlige, aber genauso sind unbekannte Menschen aus dem Volk dabei.

Auch das hübsche, junge Mädchen, das Tropinin 1823, dem Jahr seiner Befreiung, beim Klöppeln malte, ist heute eine Namenlose. Während sie hinter einem hohen Klöppelkissen arbeitet, hält sie mit beiden Händen grazil die Klöppel, um die Fäden miteinander zu verschlingen und zu verdrehen. An der gepflegten, aber einfachen Kleidung des Mädchens ist zu sehen, dass die Tätigkeit für sie kein Freizeitspaß ist. Das, was sie klöppelt, wird anschließend für kleines Geld an einen Händler weitergegeben, der es wiederum mit großem

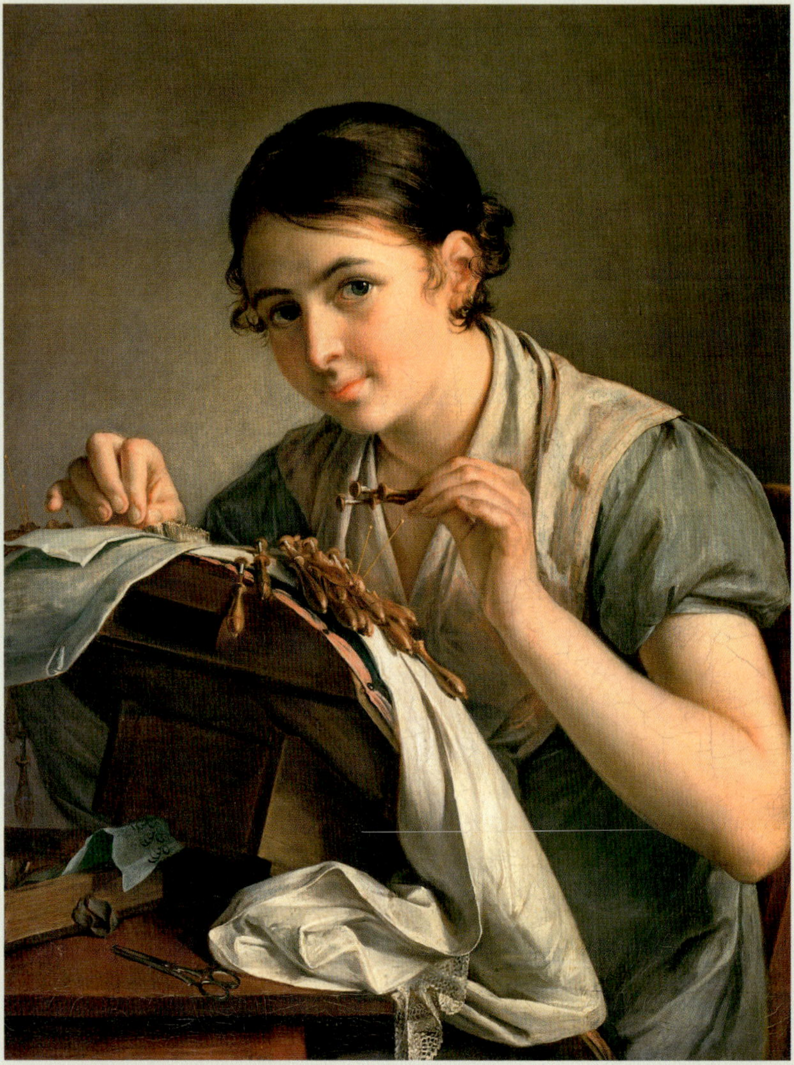

Wassili Andrejewitsch Tropinin, 1776–1857

Die Spitzenklöpplerin, 1823
Moskau, Tretjakow-Galerie

Gewinn veräußern wird. So stellt Tropinin, der das Elend der Abhängigkeit nur zu gut kannte, eine junge Handwerkerin dar, die mit ihrer Fertigkeit ihren Lebensunterhalt verdient. Trotzdem vermeidet er es, soziale Anklagen ins Bild einfließen zu lassen oder das Mädchen zu einer Heldin zu stilisieren. Vielmehr zeigt er eine lebensfrische junge Frau, die einen Augenblick in ihrer Arbeit innehält, um den Maler und uns ein freundliches, verstohlenes Lächeln zuzuwerfen.

Auch wenn Tropinin mehrfach handarbeitende Frauen dargestellt hat, gehört »Die Spitzenklöpplerin« doch zu seinen bekanntesten Gemälden. Dass hier Reminiszenzen an »Die Spitzenklöpplerin« (1669/1670) von Jan Vermeer (1632–1675) wachgerufen werden, ist vermutlich nicht zufällig. Schließlich gab es auch im 19. Jahrhundert schon in großer Zahl Stichreproduktionen seiner Kunstwerke.

Miss Mary Ellison beim Sticken

Mary Cassatt war eine der bedeutendsten amerikanischen Malerinnen des späten 19. und frühen 20. Jahrhunderts, die in Europa studierte und somit ganz der Tradition der noch jungen amerikanischen Kunst treu blieb. In Paris lernte sie bei dem nur zehn Jahre älteren Edgar Degas (1834–1917). Mary Cassatts Œuvre kann dem Impressionismus zugerechnet werden und umfasst vor allem Darstellungen von Frauen, von Müttern und Kindern sowie zahlreiche Bilder, auf denen handarbeitende Frauen zu sehen sind. Da die Malerin selbst der Gesellschaft der amerikanischen Ostküste entstammte, porträtierte sie meistens Personen aus ihrem eigenen gehobenen sozialen Umfeld.

Miss Mary Ellison, spätere Waldbaum (1856–1936), hat auf einem mächtigen roten Sofa Platz genommen. Die junge, 21-Jährige schaut uns mit wachem Blick an, sodass das Bild sehr unmittelbar wirkt. Wie die Malerin gehörte auch Mary Ellison zum Kreis junger Amerikanerinnen, die aus wohlhabenden Familien stammten und sich in den 1870er-Jahren gerne in Paris aufhielten. Die französische Haupt-

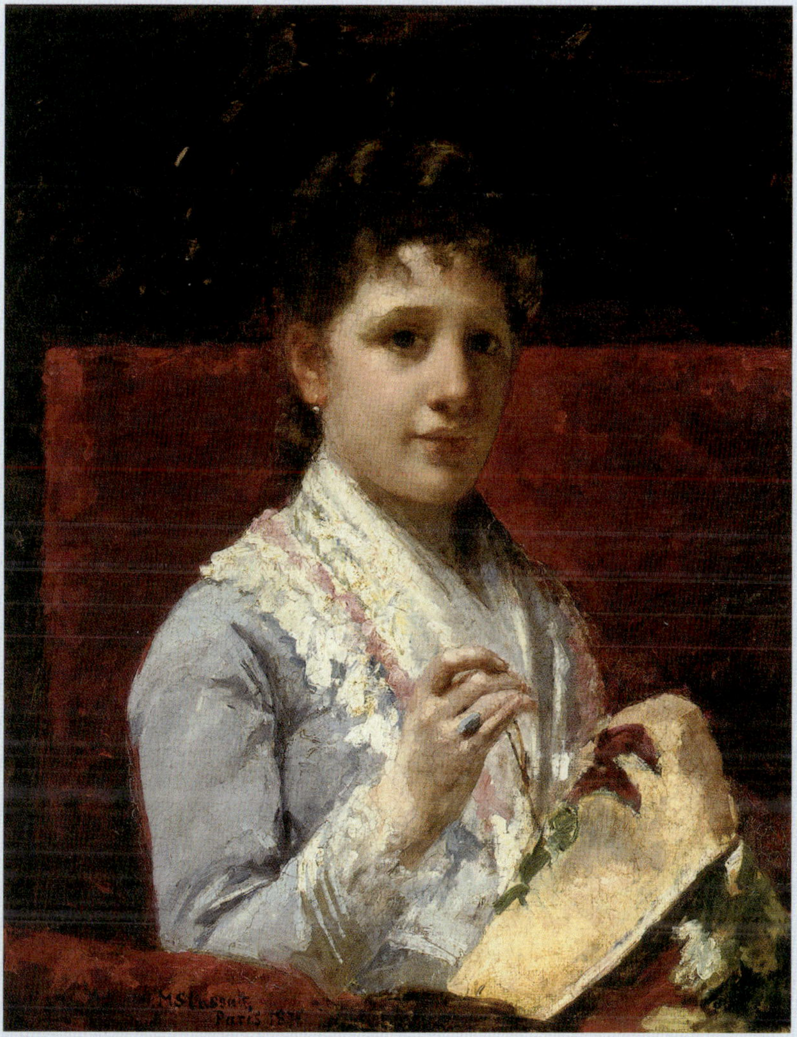

Mary Cassatt, 1844–1926

Miss Mary Ellison beim Sticken, 1877
Philadelphia, Philadelphia Museum of Art

stadt war damals so »en vogue«, dass sogar Cassatts Eltern 1877 in die Metropole übersiedelten. Da beide junge Frauen Freundinnen waren, porträtierte Cassatt Mary Ellison sogar mehrfach.

Der dunkelbraune Hintergrund lässt das rote Sofa und das hellblaue Kleid der jungen Frau ganz besonders gut zur Geltung kommen. Züchtig und zugleich modisch, trägt sie ein mit Spitzen verbrämtes Tuch um ihren Hals. Den Wollfaden zieht sie mit spitzen Fingern elegant stramm. Dem Betrachter will es scheinen, als arbeite sie an einem Blumenstillleben. In Cassatts Bild wird Mary Ellison jedoch nicht »einfach nur« porträtiert, sondern zudem auch noch bei einer Tätigkeit gezeigt, die nützlich ist und von ihrer Tugend zeugt. Mit der Fähigkeit des Stickens weist sie sich als wohlgeratene und gut erzogene junge Frau aus. Ihre Handarbeit wird zum Zeichen für ihre Heiratsfähigkeit, denn als die fleißige und gewissenhafte Frau, als die sie hier dargestellt wird, ist sie gewiss auch der Aufgabe gewachsen, einem Haushalt vorzustehen.

Süßer Fleiß

Das sehr kleine Bild mit den Maßen 36 x 35,6 Zentimeter der englischen Malerin Laura Alma-Tadema wirkt auf den ersten Blick wie ein Gemälde aus dem 17. Jahrhundert. Damit gehörte es in den Umkreis der sogenannten niederländischen Feinmaler, deren Arbeiten bis heute durch ihre Detailgenauigkeit und hohe Kunst beeindrucken. Die Malerei der Niederlande beeinflusste auch viele ihrer anderen Werke. Laura Alma-Tadema stammte aus einer begabten Familie, auch ihre beiden Schwestern waren Künstlerinnen.

Sie war die zweite Frau das Künstlers Lawrence Alma-Tadema (1836–1912), der ihr, wohl zum näheren Kennenlernen, Malunterricht erteilte. Zu seiner Zeit war ihr Mann einer der bekanntesten und geschätztesten Maler und befasste sich vor allem mit Sujets der Antike. Um einer Konkurrenz zum Gatten vorzubeugen und um größere Eigenständigkeit zu erreichen, wählte seine Frau die Niederländer zum beherrschenden Thema ihrer Bilder. Obgleich die Ehe kinderlos blieb – ihr Mann hatte bereits Töchter aus erster Ehe –, sagt man den beiden eine sehr glückliche Verbindung nach.

Auf diesem Werk wird die in einem herrschaftlichen Raum sitzende junge Frau vom Sonnenlicht zart beschienen. Vollkommen in ihre Aufgabe vertieft, arbeitet sie an einem im Stickrahmen montierten Bild. Das schwere Mobiliar und ihre kostbare Garderobe lassen auf die Niederlande des 17. Jahrhunderts schließen. Auch wenn Laura Alma-

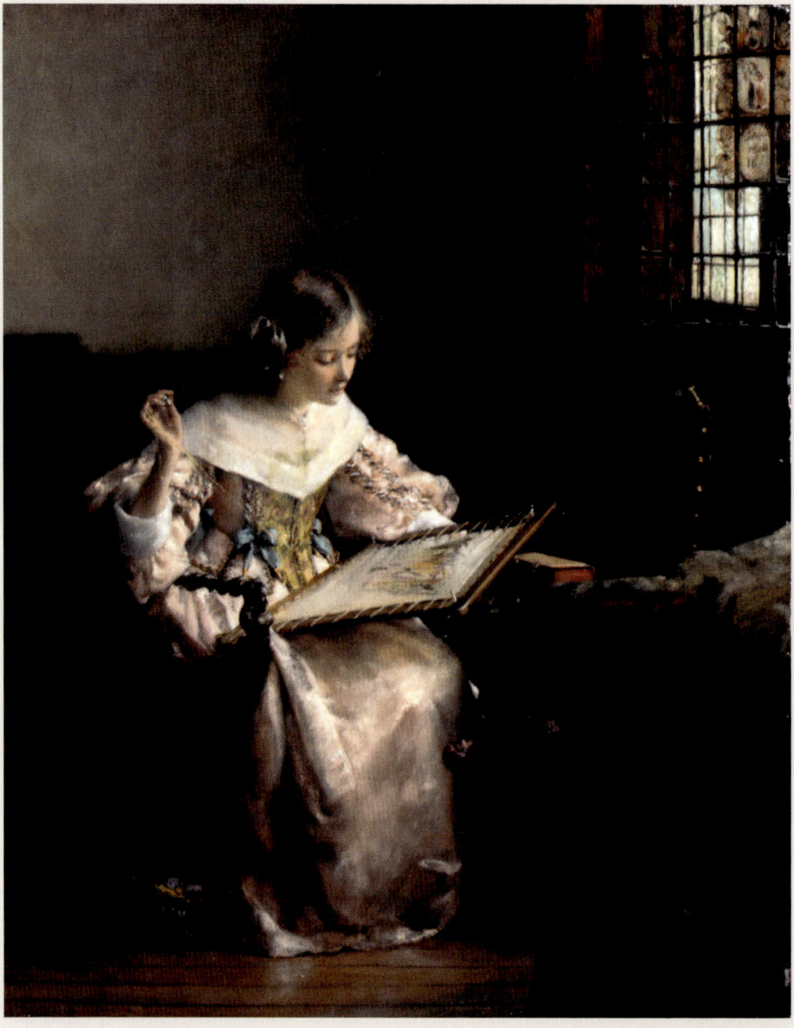

Laura Alma-Tadema, 1852–1909

Süßer Fleiß, um 1904
Manchester, Manchester Art Gallery

Tadema hier wohl in erster Linie eine Alltagsszene ins Bild setzen wollte, schwingt das Tugendbeispiel – »exemplum virtutis« – mit, das erziehen und Vorbild sein möchte. Indem man sich die wohlgeordneten Verhältnisse von damals vor Augen hält, werden unweigerlich Rückschlüsse auf die eigene Gegenwart gezogen, die längst nicht mehr so heil ist.

Bei vielen Künstlern und Intellektuellen lösten Ereignisse wie die industrielle Revolution, die Bevölkerungsexplosion der Städte und die damit einhergehende Verarmung vieler Menschen Fluchtbewegungen in die Vergangenheit aus, in der, so schien es, alles besser, aber auf jeden Fall überschaubarer gewesen war. Gerade bei Malern des späten 19. Jahrhunderts taucht dieser Eskapismus immer wieder auf, und auch bei Laura Alma-Tadema scheint er der Grund für die Stilanleihen aus der Vergangenheit beziehungsweise das Verlegen in die Vergangenheit gewesen zu sein.

Die kleinen Strickerinnen

Albert Anker, der Schweizer Theologe und Maler, beschäftigte sich zeitlebens intensiv mit der Darstellung von Kindern und war mit Sicherheit einer der wichtigsten »Kindermaler« des 19. Jahrhunderts: Die Kinderbilder nehmen mehr als ein Drittel seines Schaffens ein.

Die zwei »Kleinen Strickerinnen« haben in einem blau bezogenen Sessel Platz genommen. Selbst gemeinsam passen sie zusammen noch mühelos auf die große Sitzfläche. Die Darstellung konzentriert sich ganz auf die beiden Kinder, ihre Umgebung verliert sich im Dunkel und dient nur als Hintergrund.

Die Mädchen sind nicht, wie man es erwarten könnte, in kindliches Spiel vertieft, sondern widmen sich fraulicher Handarbeit. Das ältere und größere – vermutlich dennoch noch nicht im Schulalter – strickt nicht etwa einen Schal oder etwas ähnlich Einfaches, denn obgleich das Mädchen noch jung ist, beherrscht es bereits das Rundstricken mit fünf Nadeln und arbeitet mit großer Konzentration an einem Strumpf. Die weiße, zu verarbeitende Wolle liegt in einem Weidenkörbchen, das rechts im Bild auf einem Tisch steht. Die kleine Schwester, deren rote, kurz geschnittene Haare noch intensiver vor dem dunklen Bildhintergrund leuchten als die etwas helleren ihrer Schwester, hilft ihr bei der Handarbeit, indem sie die Wolle nachzieht. Interessiert und offenbar mit anteilnehmender Freude sieht sie ihrer Schwester bewundernd bei deren Arbeit zu.

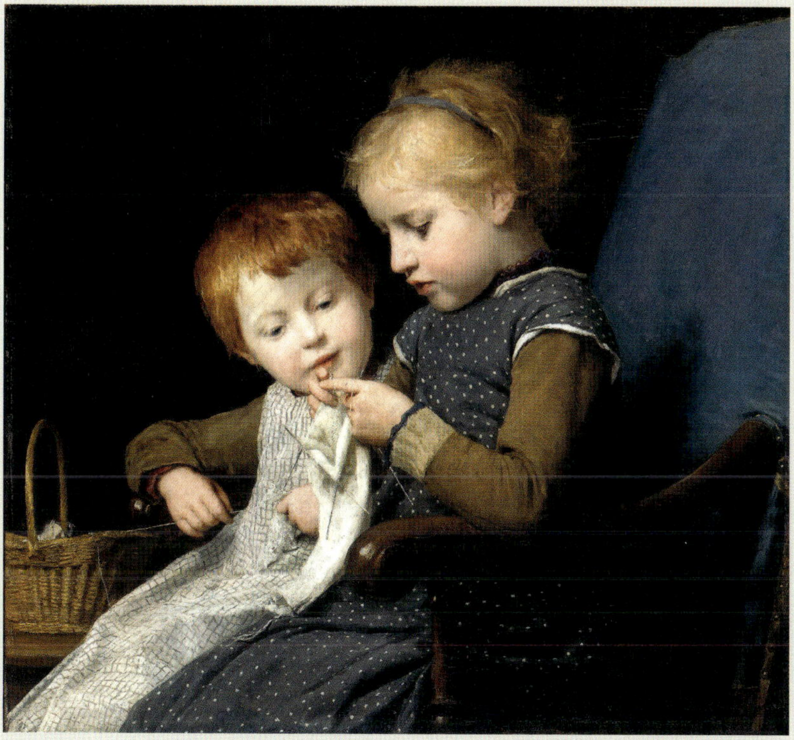

Das frühzeitige Erlernen von Handarbeitstechniken wie Häkeln, Stricken und Sticken gehörte zur Mädchenerziehung aller Stände dazu. Wurden die Kinder dann größer und näherten sich dem heiratsfähigen Alter, begannen sie, Stickmustertücher anzufertigen, um unter Beweis zu stellen, wie gut sie arbeiten konnten. Und mancher Mann achtete bei der Brautschau auf jene Tücher, immerhin war an ihnen doch abzulesen, wie arbeitsam, geschickt und genau die Zukünftige war.

Albert Anker, 1831–1910

Die kleinen Strickerinnen, 1891
Winterthur, Museum Stiftung Oskar Reinhart

Die Werkstatt

Carl Larsson ist wohl heute der populärste schwedische Maler überhaupt. Seine hellen, lichtdurchfluteten Gemälde und Aquarelle werden en masse reproduziert. Und letztlich geht sogar das, was wir heute als schwedischen Wohnstil kennen, die hellen, freundlichen Farben und der hohe Grad an Funktionalität, auf ihn und seine Frau Karin zurück. Zudem haben zahlreiche Grafiken und Buchillustrationen zu seinem Bekanntheitsgrad beigetragen.

1888 erbten die Eheleute von Larssons Schwiegereltern ein kleines Landhaus in der Nähe von Sundborn, das nach und nach mit tatkräftiger Hilfe von einheimischen Handwerkern umgebaut und -gestaltet wurde. Anfangs lebte die Familie mit ihren sieben Kindern

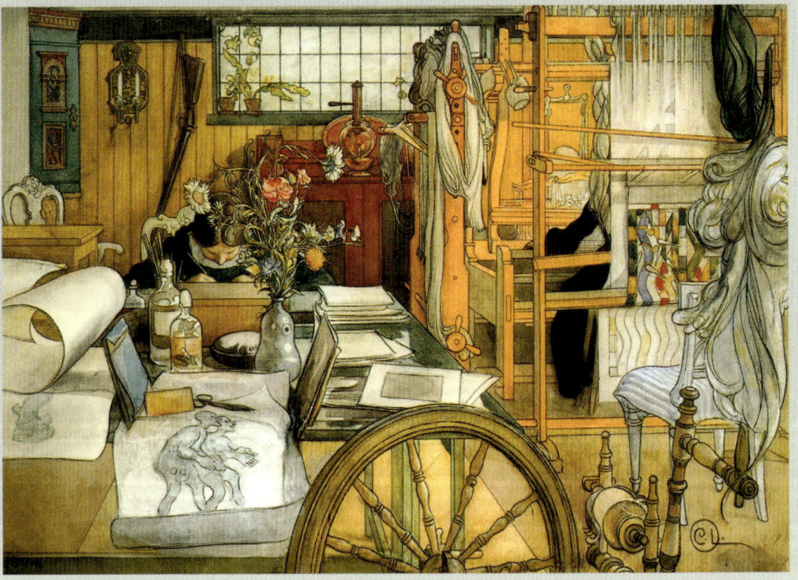

nur im Sommer dort, im Jahr 1901 wurde »Lilla Hyttnäs«, die kleine Hütte, dann zu ihrem ständigen Wohnsitz, in dem heute das Larsson-Museum untergebracht ist.

Larsson kam aus einer armen Familie, nahm aber dennoch an der Kunstakademie in Stockholm sein Studium auf, das er durch Nebentätigkeiten weitgehend selbst finanzierte. Anschließend reiste er mehrfach nach Frankreich, wo er 1882 in Grezsur-Loing, südöstlich von Paris, auf eine Kolonie skandinavischer Künstler stieß, die sich dort angesiedelt hatte und zu der auch seine spätere Frau Karin gehörte. In dieser Zeit kam Larsson auch mit der Freilichtmalerei der Schule von Fontainebleau in Kontakt. Als er wieder nach Schweden zurückgekehrt war, erhielt Larsson etliche offizielle Aufträge, wie etwa Fresken und Wandbilder im Treppenhaus des Nationalmuseums in Stockholm und der Stockholmer Oper.

Auf diesem Bild bietet sich dem Betrachter ein Einblick in eine Werkstatt, die vom warmen Licht der schwedischen Sonne durchflutet wird. Im Vordergrund steht ein großes Spinnrad, rechts am Bildrand hängt die noch zu spinnende Wolle. Am Tisch – hinter einem Strauß aus Wildblumen versteckt – sitzt ein Mädchen, ganz vertieft in seine Zeichenarbeit, um es herum sind allerlei Skizzen und Papierbögen ausgebreitet. Hinten rechts im Bild steht ein großer mechanischer Webstuhl, auf dem gerade ein Stoff oder Teppich mit geometrischem Muster hergestellt wird. Die Umrisse eines schwarzen Kleids sowie ein Arm lassen eine arbeitende Frau – wahrscheinlich die Mutter des Mädchens – erahnen. Still und friedlich ist es in dieser Werkstube, es herrscht eine unaufgeregte Betriebsamkeit. Und doch ist es natürlich bezeichnend, dass eine Frau und ihre Tochter mit Web- und Handarbeiten beziehungsweise deren Vorarbeit – dem Skizzieren – beschäftigt sind, während ein Mann sie porträtiert.

Carl Larsson, 1853–1919

Die Werkstatt, 1908–1910
Privatsammlung

Stickende Frau auf Balkon

August Macke, einer der wichtigsten und bekanntesten Maler des deutschen Expressionismus, war nicht nur Maler, sondern auch »Kunsthandwerker«. So hat er, ähnlich wie auch Ernst Ludwig Kirchner, viele Dinge entworfen und hergestellt, die gemeinhin dem Kunstgewerbe – besser: Kunsthandwerk – zugerechnet werden.

Fasziniert von den Möglichkeiten der vielen verschiedenen kunsthandwerklichen Techniken, besuchte er in Düsseldorf die Kunstgewerbeschule. Seiner späteren Frau Elisabeth Gerhardt schrieb er 1905: »Das war mal ein guter Einfall, daß ich zur Kunstgewerbeschule gegangen bin. Der Unterricht gefällt mir riesig gut.«

Seitdem entwarf Macke während seines kurzen Lebens zahlreiche Stickereien und Webereien, die von seiner Frau – 1909 heirateten er und Elisabeth Gerhardt –, deren Mutter und Großmutter umgesetzt wurden. Auch hier zeigt sich, wenngleich mit leicht veränderten Vorzeichen, noch die alte Arbeitsteilung: Der Mann entwirft (oder schafft das Rohmaterial heran), was die Frau dann mit Fleiß und emsigen Händen »veredelt«.

Dennoch geht es bei Macke und anderen Expressionisten immer auch um das Erweitern der Kunst und des Kunstbegriffs – um ein

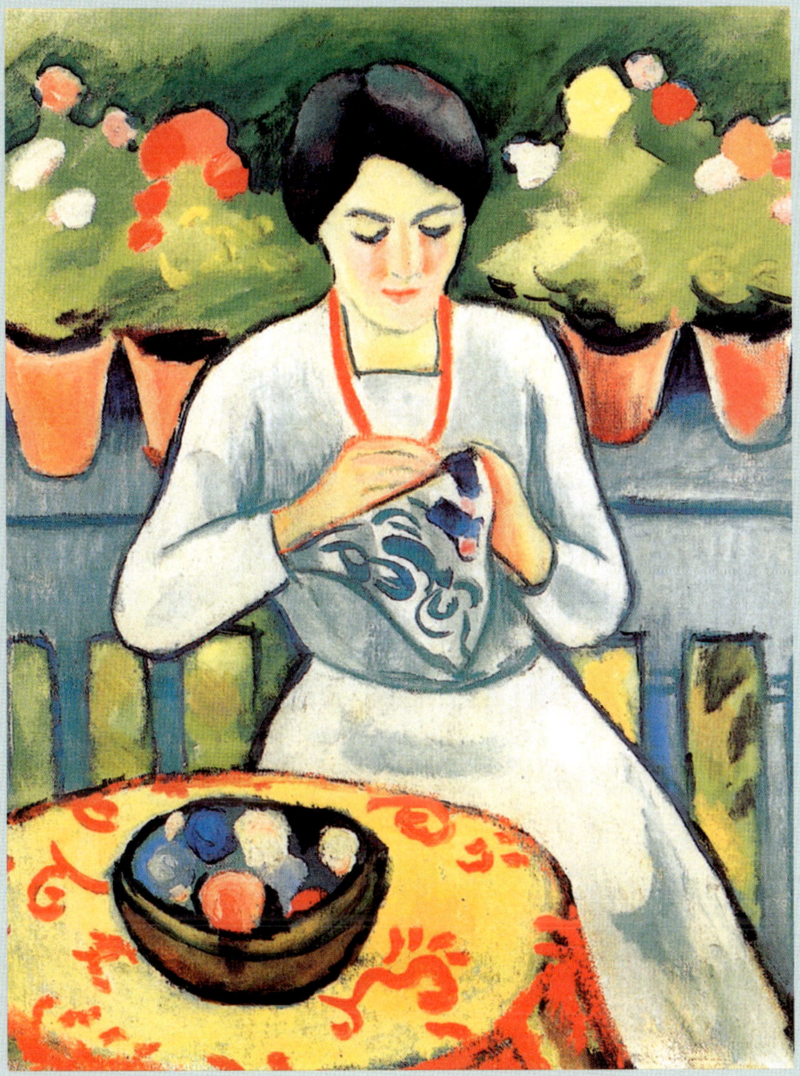

August Macke, 1887–1914

Stickende Frau auf Balkon
(Elisabeth auf dem Balkon des Staudacher Hauses am Tegernsee), 1910
Bonn, Kunstmuseum

Sprengen gar zu enger Gattungsbegriffe, die säuberlich zwischen Malerei, Plastik und den angewandten Künsten unterscheiden. Damit stehen die Expressionisten letztlich in der Tradition des sogenannten Jugendstils, dessen Protagonisten ebenfalls versuchten, die verschiedenen Künste und Kunstrichtungen miteinander zu versöhnen.

Das im Jahre 1910, ein Jahr nach seiner Eheschließung, entstandene Bild zeigt Mackes Frau Elisabeth auf einer Bank sitzend beim Sticken. Es ist eine sommerliche Idylle nahe dem Tegernsee, die Macke hier einfängt. Die Geranien blühen, Frau Macke sitzt im Freien und stickt konzentriert. Auf dem Tisch steht ein Körbchen oder eine Schale mit der Stickwolle. Schon sind rote, blaue und grüne Farbinseln auf dem weißen Leinen zu sehen, doch lässt sich leider das Motiv noch nicht erkennen, es scheint jedoch so, als ob sich zwei Personen vom Leinen abheben.

Edward Hopper, 1882–1967

New Yorker Interieur, um 1921
New York, Whitney Museum of American Art

New Yorker Interieur

Edward Hopper ist gewiss noch immer einer der bekanntesten amerikanischen Maler des 20. Jahrhunderts. Er bezog seine Themen aus dem amerikanischen Alltag: Tankstellen, Schnellrestaurants, Menschen in Hotelzimmern. Die abgebildeten Personen scheinen dabei immer auf sich allein gestellt zu sein. Vielleicht mögen sie sich nicht einsam fühlen, doch während sie warten, arbeiten oder lesen, sind sie fast alle allein. Wie bei fotografischen Aufnahmen werden auf den Bildern Augenblicke für die Ewigkeit gebannt. Meistens regen sie den Betrachter an, eine Geschichte zu erfinden, die die Situation, in der sich die oder der Dargestellte befindet, erläutert.

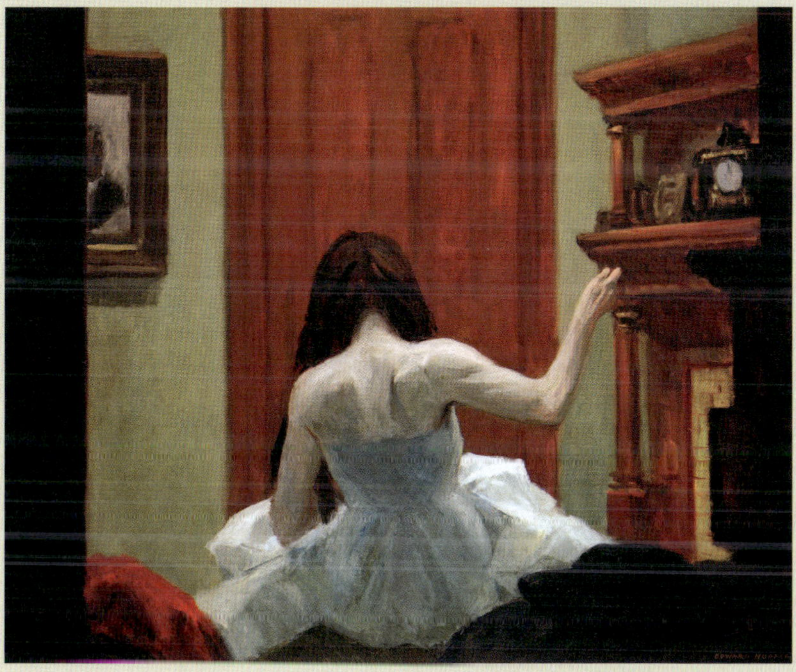

»New Yorker Interieur« ist ein klassischer Fensterblick. Der Betrachter ist der Voyeur, der in das erleuchtete Fenster hineinschaut, wo er eine junge Frau erblickt, die ihm den Rücken zugewandt hat. Im Unterkleid sitzt sie in einem sehr engen und ordentlichen Zimmer und näht. Anhand ihrer Haltung und der Einrichtung des Zimmers ist davon auszugehen, dass sie nicht näht, um Geld zu verdienen. Eher vermittelt sie den Eindruck, als ändere oder repariere sie ein Kleid. Vielleicht möchte sie zu einem Ball und muss noch schnell das Kleid anpassen? Oder weist der recht muskulöse Rücken eventuell darauf hin, dass sie von Beruf Tänzerin ist und nur ihre Arbeitskleidung für einen Auftritt ausbessert? Wie es meist bei Hoppers Bildern der Fall ist, lassen sich unendlich viele Geschichten ausdenken, in denen die Szene logisch eingebettet werden kann.

Anzumerken bleibt, dass es in keiner Weise Hoppers Absicht gewesen sein wird, eine tugendhafte oder gottesfürchtige junge Amerikanerin abzubilden. Ihm ging es um die Alltäglichkeit, wie sie sich in einer Millionenstadt an etlichen Stellen immer wieder parallel vollzieht. Indem der Künstler diese normalen Vorgänge auf die Leinwand bringt, wird das alltägliche Tun geadelt und zu etwas Besonderem gemacht. Doch damit ist auch eine Aussage über das Leben in der Großstadt verbunden, in der Privatheit und -sphäre zur Fiktion geworden sind. Die Dichte der Besiedlung und der Bebauung lassen die Bewohner von Großstädten immer mehr zusammenrücken und zu Beobachtern und Beobachteten werden. Die junge Frau auf Hoppers Bild scheint ihre ganz eigene Art gefunden zu haben, um damit umzugehen: Sie wendet uns kurzerhand den Rücken zu!

Porträt der Marquise de Pompadour

Jeanne-Antoinette Marquise de Pompadour, Duchesse de Ménars: 1721 als Bürgerliche geboren und 1764 als Geliebte des französischen Königs Ludwig XV. und als eine der einflussreichsten Frauen Frankreichs gestorben. Die Marquise liebte die Künste, die Philosophen sowie die Literaten Voltaire und Denis Diderot. Auch die Maler François Boucher und François-Hubert Drouais verdankten ihre Karrieren zum großen Teil der klugen Mäzenin, die nicht nur die Porzellanmanufaktur in Sèvres förderte, sondern auch den Élysée-Palast, in dem heute der französische Staatspräsident residiert, um- und ausbauen ließ.

Diese Berühmtheit wählt also freiwillig die Arbeit am Stickrahmen als Bildthema ihres Porträts! Das gezeigte Bild ist Vorstudie zu oder wiederholter Ausschnitt aus einem Gemälde in der National Gallery in London, das die ganze Person Pompadour in luxuriösem Ambiente zeigt und auf dem das Kleid, das sie trägt, noch kostbarer gestaltet ist als auf diesem Ovalbild. Dennoch: Auch auf dem Londoner Bild arbeitet die Pompadour am Stickrahmen.

Warum aber lässt sich eine Frau, die alles erreicht hat, was sie erreichen konnte, so kurz vor ihrem Tode auf diese Art und Weise darstellen? Oder wurde das Bild vielleicht erst nach ihrem Ableben gemalt beziehungsweise vollendet? Wie auch immer, offenbar war die Marquise, die stets geschickt am Hof agierte und es vermied, die Königin gegen sich aufzubringen, auf ihren Ruf bedacht. Das Sticken ist hier nicht nur mehr die Freizeitbeschäftigung einer kranken Frau Anfang vierzig, die nicht mehr lange zu leben hat, sondern hat eine viel größere Bedeutung. Indem sich die Pompadour handarbeitend porträtieren ließ, reihte sie sich ganz bewusst in die lange Liste tugendhafter Frauen ein und inszenierte sich geschickt als eine von ihnen, obgleich sie doch die Mätresse des Königs war.

Viele Maler haben mit ihren Bildern Madame de Pompadour und ihre Schönheit gefeiert: François Boucher, Maurice Quentin de La Tour und François-Hubert Drouais – sie alle haben sie porträtiert, meist allerdings in prachtvoller Robe und mit einem hohen gesellschaftlichen Anspruch. Im Gegensatz dazu wirkt Drouais' Bild fast schon intim und privat. Trotzdem ist die Marquise nicht wirklich in ihre Arbeit versunken, wie es eine tugendhafte Frau sein sollte. Mit wachem und aufmerksamem Blick schaut sie den Betrachter an und scheint mehr an ihm und seiner Reaktion als am Sticken interessiert zu sein.

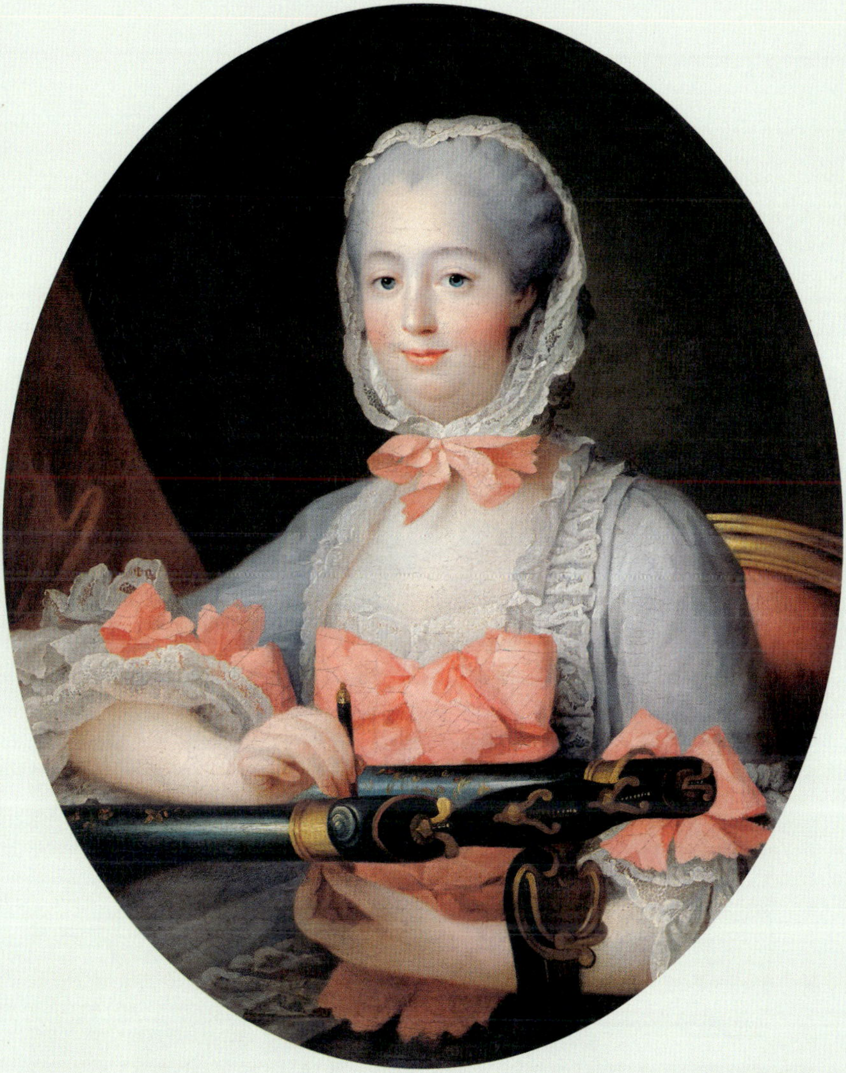

François-Hubert Drouais, 1727–1775

Porträt der Marquise de Pompadour
um/nach 1763/1764
Chantilly, Musée Condé

Strickendes Mädchen

Giovanni Segantinis Werk ist untrennbar mit dem Hochgebirge Graubündens verbunden, wohin es den bei Turin Geborenen zog. Dort arbeitete er, und dort starb er auch. Da er selbst aus bescheidensten Verhältnissen stammte, solidarisierte er sich durch seine Bilder mit der Landbevölkerung. Dabei stellte er sie nicht als Heroen der Arbeit dar, sondern betonte ihre Menschlichkeit. Für ihn waren sie Geschöpfe, die in ihrer Heimat ums Überleben kämpften. In seinem Spätwerk wandte sich Segantini dem Symbolismus zu, ohne sich jedoch vom alpinen Lebensraum und seinen Bewohnern zu lösen.

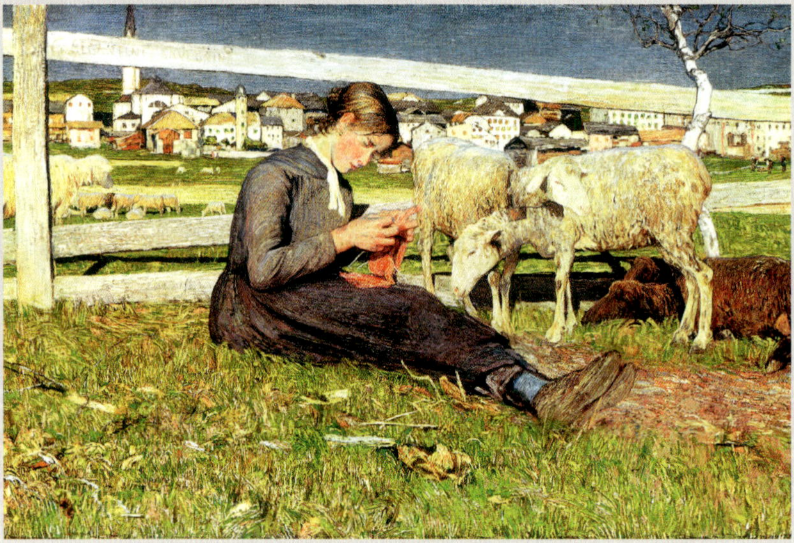

Das klare, helle Licht der Alpen beherrscht das Bild des strickenden Mädchens, das sich vor einem maroden Bretterzaun niedergelassen hat. Von den neugierigen Schafen in seiner Nähe beschnuppert eins die Strickende, die zu sehr in ihre Handarbeit versunken ist, als dass sie das Tier wahrnehmen würde. Durch die Zaunlatten hindurch kann man ein Dorf erkennen, vielleicht der Heimatort des jungen Mädchens. Das Licht und die verhältnismäßig leichte Kleidung der Strickenden genauso wie die Tatsache, dass die Schafscherung noch nicht lange her ist, lassen darauf schließen, dass das Bild einen Tag im Spätfrühling zeigt.

Wie so viele andere Künstler des späten 19. Jahrhunderts, Leibl und Millet eingeschlossen, malte auch Segantini das beschwerliche, sorgenvolle Leben der Landbevölkerung. In seinen Bildern stellte er eine harte Lebensform dar, in der die Menschen im Einklang mit sich und der Natur lebten. Diese Form starb nach und nach aus und wurde zunehmend durch Industrialisierung und Verstädterung verdrängt. Die ländliche Bevölkerung, vor allem die der Mittel- und Hochgebirgsregionen, wurde immer stärker zu Verlierern des Fortschritts. So sind Segantinis Bilder Darstellungen einer untergegangenen Lebensart oder -form, zu der auch immer die Kinderarbeit dazugehörte. Der Nachwuchs musste mithelfen, um produktiv zum Familieneinkommen beizutragen. Spiel und Ausgelassenheit waren ebenso wenig dessen Welt, wie es die der Kinder des Industrieproletariats gewesen ist.

Das landwirtschaftliche Selbstversorgen sollte nur noch eine kurze Zeit Bestand haben, dann würden auch die Bauern ins Warenhaus gehen, um sich dort mit Textilien einzudecken.

Giovanni Segantini, 1858–1899

Strickendes Mädchen, 1888
Zürich, Kunsthaus

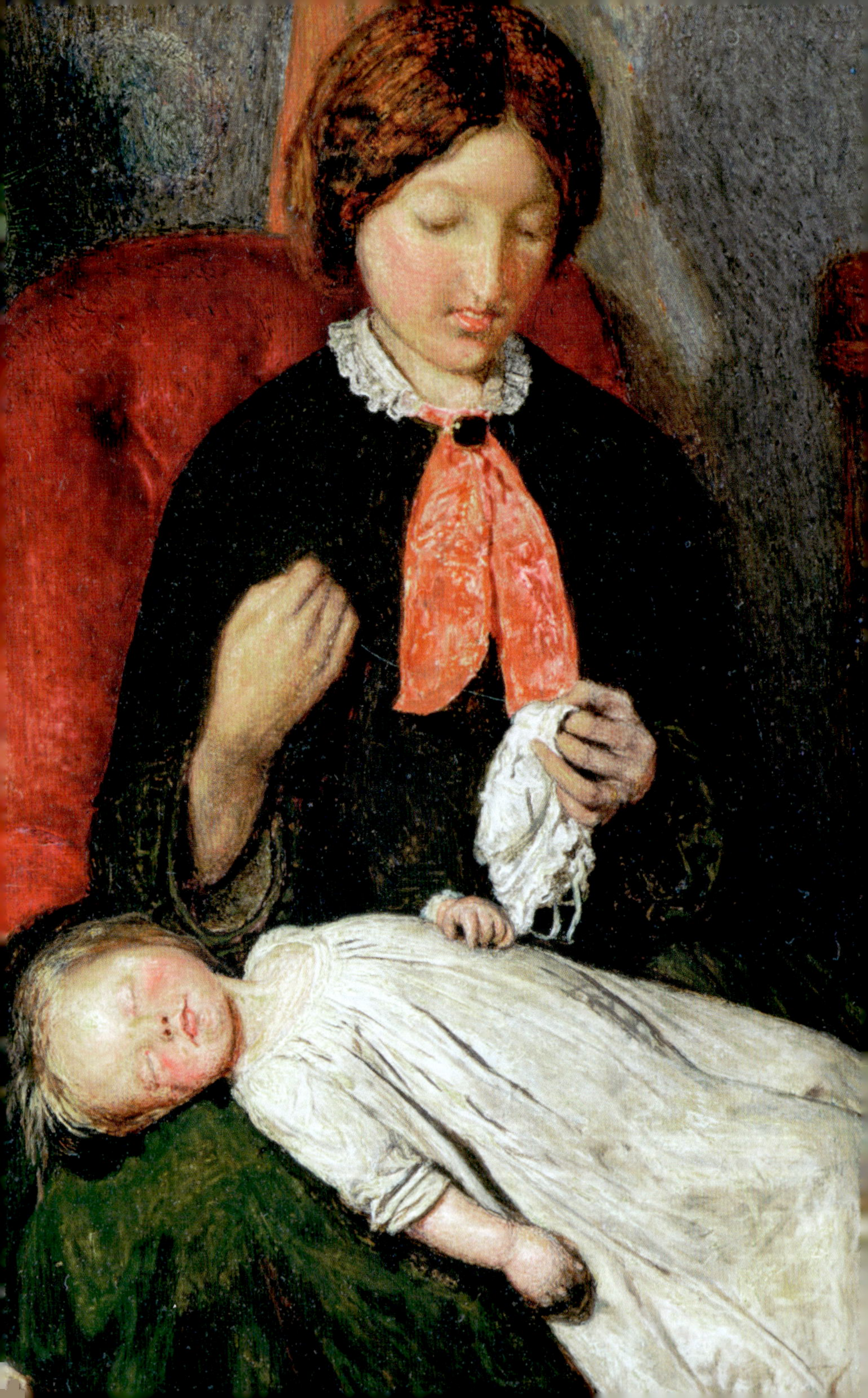

Zum Sterben zu viel: Näherinnen und Waisenmädchen

»Das ist der Armut Fluch:
Mit doppeltem Faden näh' ich Hemd,
Ja Hemd und Leichentuch!«

THOMAS HOOD

Für nur eine kurze Stunde

Im Dezember 1843 druckte die englische Zeitschrift *Punch* das Gedicht von Thomas Hood (1799–1845) »The Song of the Shirt« (Das Lied vom Hemde). Es war so erfolgreich, dass es nicht nur sogleich vertont und in anderen Zeitschriften und Zeitungen nachgedruckt wurde, man fertigte sogar Taschentücher mit dem Text des Gedichts an. Was war geschehen? Thomas Hood schilderte in seinem Poem das Schicksal einer Näherin, die, um kärglich entlohnt zu werden und ihr eigenes Überleben zu sichern, mit mageren und müden Fingern nähen muss. Das Schicksal teilte Hoods Protagonistin mit Zehntausenden von britischen Frauen ihrer Zeit. Dabei handelte es sich jedoch nicht ausschließlich um ein Problem der unteren Bevölkerungsschicht, selbst Frauen aus der Mittelschicht konnten in diesen Teufelskreis hineingeraten, wenn sie sich etwa von ihrem Mann getrennt hatten. In diesem Fall waren sie in Großbritannien vollkommen recht- und mittellos. Sie erhielten keinerlei Unterstützung und wurden von ihren Kindern getrennt, die beim Mann blieben.

Die engagierte Malerin und Autodidaktin Anna Blunden stand mit den damaligen Größen des englischen Kunstbetriebs wie John Ruskin (1819–1900) in engem Kontakt. Immer wieder stellte sie in ihren frühen Werken Unterprivilegierte und Rechtlose dar. Der Titel des Bilds, »Für nur eine kurze Stunde«, ist ein Zitat aus Hoods Gedicht.

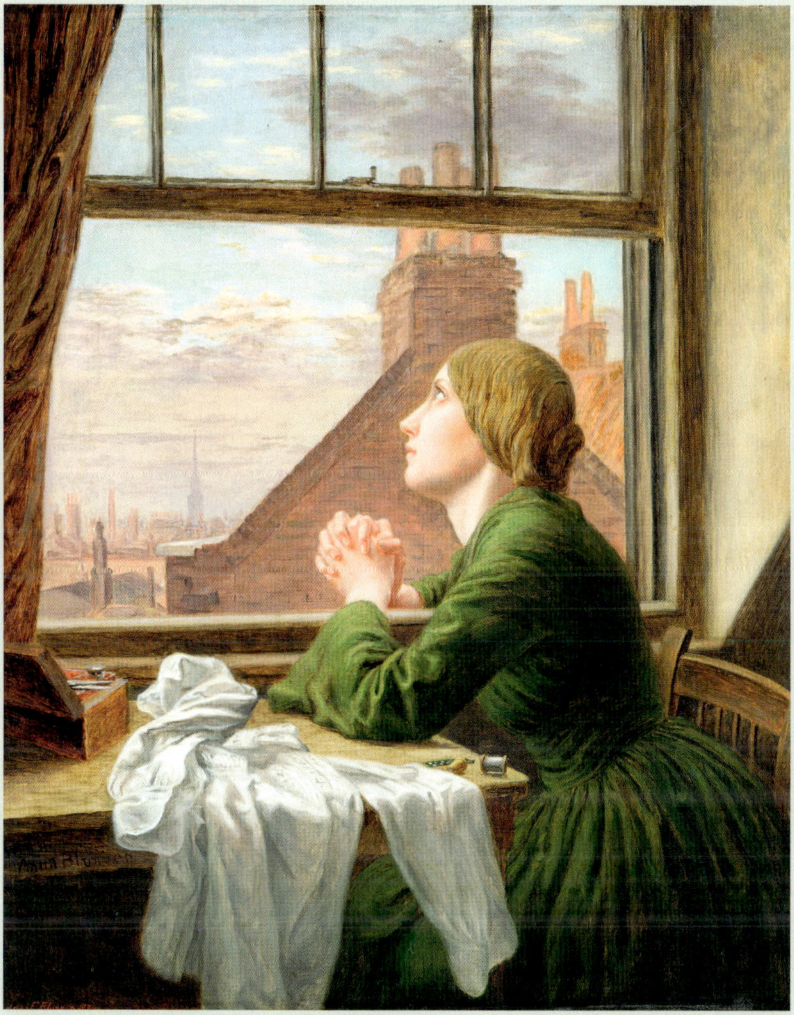

Anna Blunden, 1829–1915

Für nur eine kurze Stunde
(For Only one Short Hour), 1854
Yale Center for British Art, Paul Mellon Fund

Die Näherin ist verzweifelt und erschöpft, sie sehnt sich nach dem Lebensgefühl zurück, das sie einstmals besaß. Nur eine kurze Stunde lang möchte sie es wieder erleben dürfen. Doch ihr Wunsch bleibt unerfüllt, und nicht einmal ihren Emotionen darf sie nachgeben, da die Tränen ansonsten Nadel und Faden benetzen würden und ihre Produktivität darunter leiden würde.

»Oh, Männer mit Schwestern! Oh, Männer mit Müttern und Ehefrauen! Es ist kein Leinen, das ihr verschleißt, sondern das Leben menschlicher Kreaturen!« Diese Anklage Hoods konnte nicht ungehört bleiben. Blunden illustrierte Hoods Text, der – auch nach dessen Tod – in Großbritannien allseits bekannt war, relativ frei. Hoods Näherin würde sich beispielsweise nie dem Gebet zu- und von der Arbeit abwenden. Sie würde nähen, bis ihr die Augen zufielen und die Finger blutig wären. Trotz der sehr persönlichen Interpretation gelingt es der Künstlerin überzeugend, die Ausweglosigkeit der Frau deutlich und ihre Verzweiflung für den Betrachter augenscheinlich zu machen.

Frau am Spinnrad und Trommelbube mit Säbel

Georg Friedrich Kersting war neben Caspar David Friedrich (1774–1840) einer der bedeutendsten deutschen Maler der Romantik, denen allesamt eine große patriotische Gesinnung und Überzeugung gemein war. Also verwundert es nicht, dass sich Kersting 1813 Ludwig von Lützow (1782–1834) und dessen »Lützower Jägern« anschloss, einem Freikorps, das gegen die napoleonischen Truppen kämpfte, die große Teile Deutschlands besetzt hielten. Die jungen Künstler und Intellektuellen, die mit Lützow fochten, kämpften für ein politisch neues Deutschland mit größerer Freiheit und Gleichheit. Unter ihnen muss Kersting ein überdurchschnittlich mutiger und fähiger Soldat gewesen sein, er wurde mit dem Eisernen Kreuz ausgezeichnet.

Die »Frau am Spinnrad und Trommelbube mit Säbel« entstand 1828, als die Freiheitskriege schon lange vorüber waren: Die Hoffnungen der Aufständischen auf eine gesellschaftliche Wandlung waren unerfüllt geblieben, vielmehr deutete sich politisch eine Rückwendung zum Alten an.

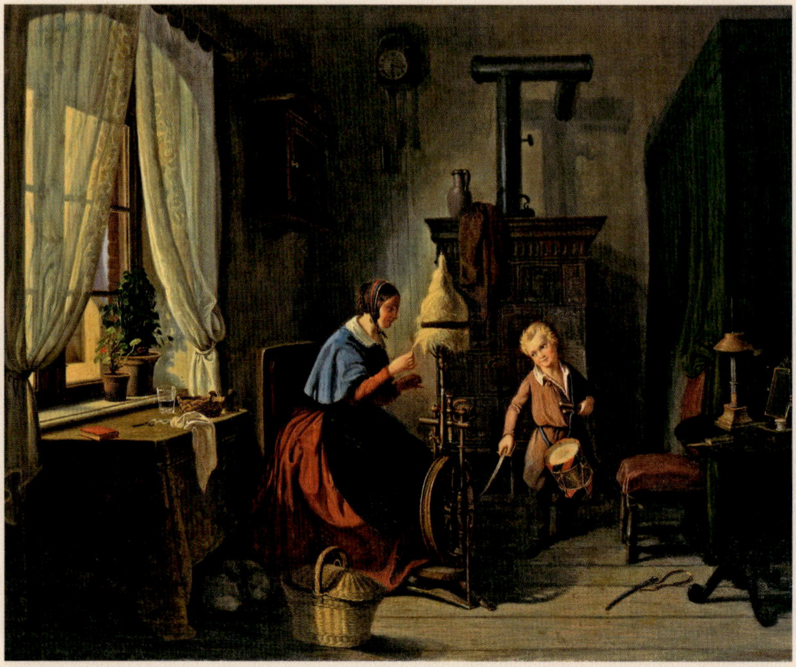

Georg Friedrich Kersting, 1785–1847

Frau am Spinnrad und Trommelbube mit Säbel, 1828
Güstrow, Museum der Stadt Güstrow

Was aber hat die so betuliche Atmosphäre einer Wohnstube des frühen 19. Jahrhunderts mit großer Politik zu tun? Dem Betrachter fällt sofort auf, dass das Licht in Kerstings Bild eine bedeutende Rolle spielt. Obwohl es gleißend durch das Fenster in den Raum fällt, nutzt die Spinnerin es doch kaum für ihre Arbeit. Im Gegenteil: Sie hat dem Fenster sogar den Rücken zugewendet. Für Kersting als Freimaurer war das Licht auch Symbol von Einsicht und Erkenntnis. In aller Vorsicht formuliert, scheint auf dem Bild das Licht der philosophischen Aufklärung durch das Fenster. Doch Philosophie und Politik waren im frühen 19. Jahrhundert noch keine Sachen der Frauen. Deren Aufgaben waren es, brav und emsig zu arbeiten, die Kinder zu erziehen und das Haus in Ordnung zu halten. Folgerichtig wendet sich die Frau von der Welt und von Einsicht und Erkenntnis ab.

Ihr kleiner Sohn aber, der die militärische Trommel ergriffen hat, wird ganz vom Licht der Erkenntnis erleuchtet. Vor ihm liegt ein Säbel am Boden, den er jederzeit ergreifen kann, um für seine Überzeugung zu kämpfen. Im Gegensatz zu vielen anderen bleibt er nicht abwartend hinter dem Ofen sitzen. Ihn trifft nicht der Spott Theodor Körners (1791–1813), des Dichterfreundes Kerstings aus dem Lützow'schen Freikorps, der 1813 fiel und zuvor geschrieben hatte: »Pfui über dich Buben, hinter dem Ofen, / Unter den Schranzen und unter den Zofen [...].«

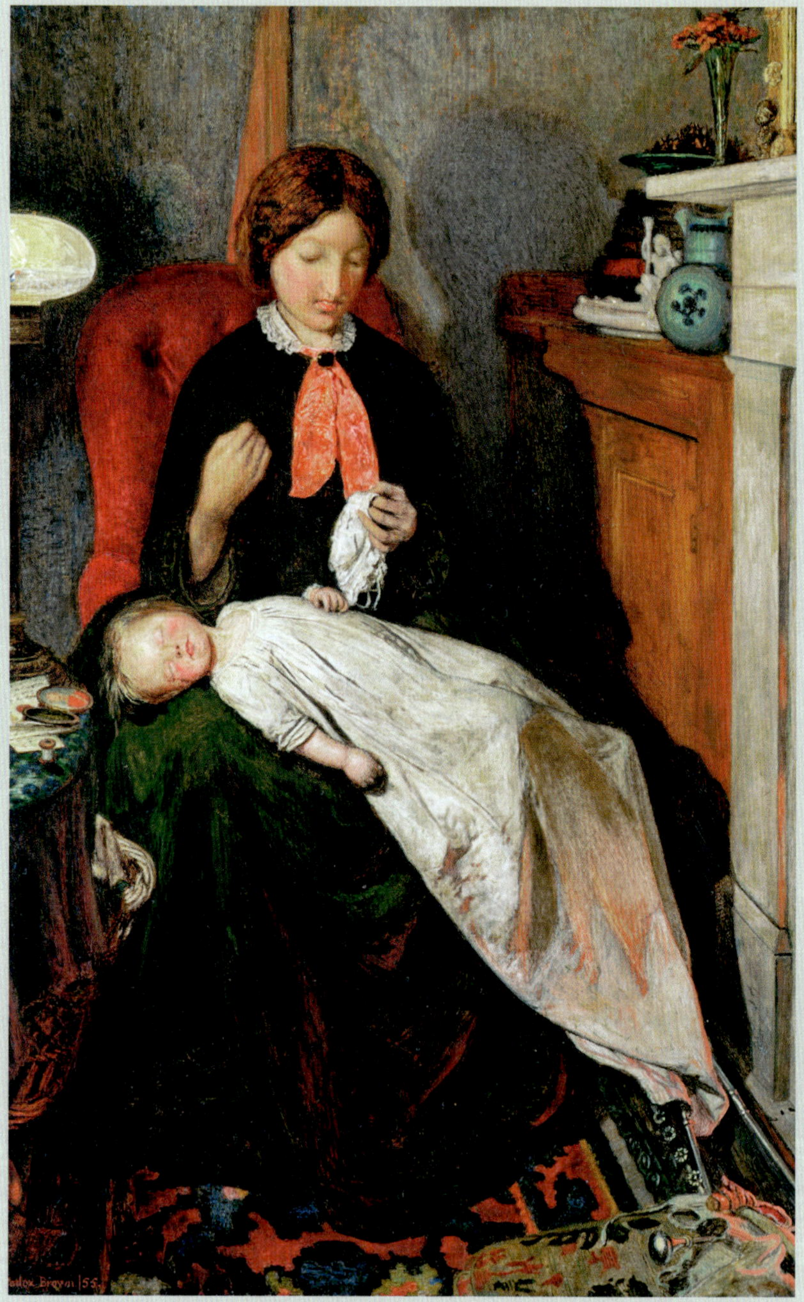

Ford Madox Brown, 1821–1893

Warten: eine englische Feuerstelle von 1854–1855
(Waiting: An English Fireside of 1854–1855)
Liverpool, Walker Art Gallery

Warten: eine englische Feuerstelle von 1854–1855

Der in Calais geborene Ford Madox Brown erfuhr seine erste malerisch-akademische Ausbildung in Brügge, Gent und Antwerpen. Es folgten Aufenthalte in Paris, Deutschland, der Schweiz und Italien. Durch seine ausgedehnten Reisen war Brown bestens mit den wichtigsten Kunstströmungen der Vergangenheit wie auch seiner Gegenwart bekannt, von denen ihn viele beeinflussten. Nachdem er nach England übergesiedelt war, stand er in engem Kontakt zu den Präraffaeliten, ohne jedoch Mitglied ihrer Bruderschaft zu sein. Seine Bilder waren bis zur Entstehung von »Waiting: An English Fireside of 1854–55« stets von literarischen Quellen beeinflusst und in der Vergangenheit angesiedelt worden. Das Bild der hier wartenden Frau ist sein erstes Gemälde, das sich mit einem zeitgenössischen Thema auseinandersetzt. Es ist Abend, die angezündete Lampe und der Schein des Kamins tauchen den Raum in ein schummriges Licht. Eine Frau sitzt bei der Feuerstelle und näht, während ein Kind im langen

Nachthemd auf ihrem Schoß schläft. Die Szene erweckt fast den Eindruck, als handele es sich um eine viktorianische Madonna mit Kind. Und sicher ist die Wirkung nicht ganz unbeabsichtigt, denn die englische Ehefrau – übrigens saßen Browns eigene Frau und Tochter Modell – soll hier in ihrer Tugend und Treue gepriesen werden. Aus dem Zusatz des Bildtitels »1854–55« erschließt sich, dass der abwesende Mann – auf den gewartet wird – im Krimkrieg kämpft, in dem das zerfallende Reich der Osmanen im Verbund mit Frankreich und Großbritannien dem russischen Zarenreich und dessen Expansionsgelüsten gegenübersteht. Obgleich die Ehefrau allein und vollständig auf sich gestellt ist, geht sie weiterhin fleißig der häuslichen Arbeit nach und kümmert sich um das Kind. Sie verhält sich also durch und durch tugendhaft. Eine Porträtminiatur des Ehemanns liegt neben ihr auf dem Tisch, sodass er, wenn auch nur als Bild, immer gegenwärtig ist. Das Thema der Frau, die ihrem im Feld kämpfenden Manne treu bleibt, wurde schon in der Antike überliefert. In diesem Kontext sei an Lucretia erinnert, die ebenfalls tugendsam Wollarbeiten verrichtete, während sich andere Ehefrauen den leiblichen Vergnügungen hingaben.

Die Näherinnen der roten Hemden

Odoardo Borrani war Sohn eines Gemälderestaurators und italienischer Patriot. 1859 schloss er sich der toskanischen Armee an, um während des Risorgimento für ein unabhängiges und geeintes Italien im Sinne von Garibaldi (1807–1882) zu kämpfen.

Auch Frauen konnten in solchen Bürger- und Unabhängigkeitskriegen teilnehmen: mit Nadel und Faden. Einen solch kriegerisch-patriotischen Kampfeinsatz mit weiblichen Geschützen setzt Borrani hier ins Bild. Was zuerst wie ein gemütlicher Kaffeeklatsch gutbürgerlicher Frauen anmutet, stellt sich bei näherer Betrachtung als hochpolitischer Akt heraus. Die Frauen, die im Licht des großen Fensters um einen Nähtisch sitzen, stellen die berühmten roten Hemden her, die auch im 19. Jahrhundert nicht zur Ausstattung eines durchschnittlichen Mannes gehörten. Vielmehr waren die »camicie rosse« die unübersehbaren Zeichen der Anhänger Garibaldis. Dass die Damen Parteigängerinnen des Freiheitskämpfers sind, erschließt sich aus seinem Stichportrat, das rechts neben dem Fenster hängt.

Im Mai 1860 kam es zum bekannten »Zug der Tausend«, wobei die Rothemden unter der Führung Garibaldis im südlichen Italien die

Herrschaft der spanischen Bourbonen beendeten. Die Gründung des italienischen Nationalstaats zog sich allerdings noch bis 1870 hin.

Borrani gehörte zur Künstlergruppe der »Macchiaioli«, zu einer Gruppe, die stark durch die zeitgenössische, realistische Landschaftsmalerei in Frankreich beeinflusst wurde und sich von den Traditionen und Zwängen der Ausbildung an den Kunstakademien lösen und befreien wollte. »Macchiaioli« war ursprünglich ein Schimpfwort, das aber später als positive Bezeichnung einer Kunstrichtung fortgeführt wurde, so wie es bei Kunstbegriffen oft der Fall ist. »Macchia« bedeutet auf Italienisch »Fleck« und meint damit eine flächige, spontane Malweise, wie sie sich auf Borranis Bild der Näherinnen aber nicht unbedingt zeigt.

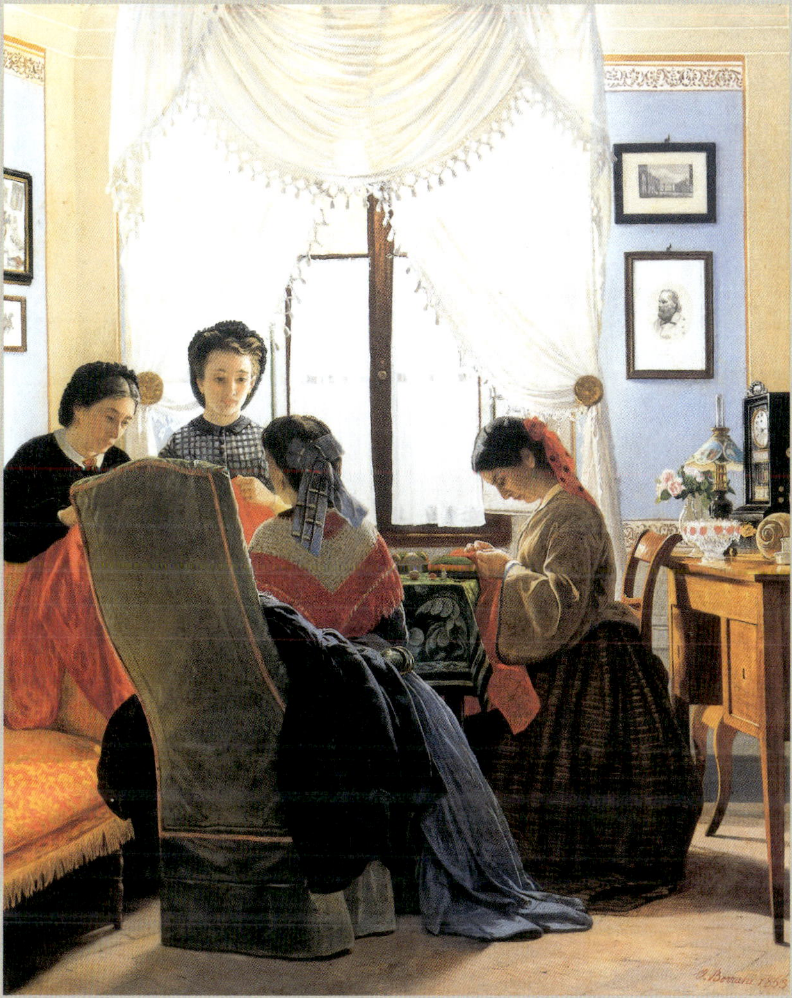

Odoardo Borrani, 1833–1905

Die Näherinnen der roten Hemden
(Le cucitrici di camicie rosse), 1863
Florenz, Privatsammlung

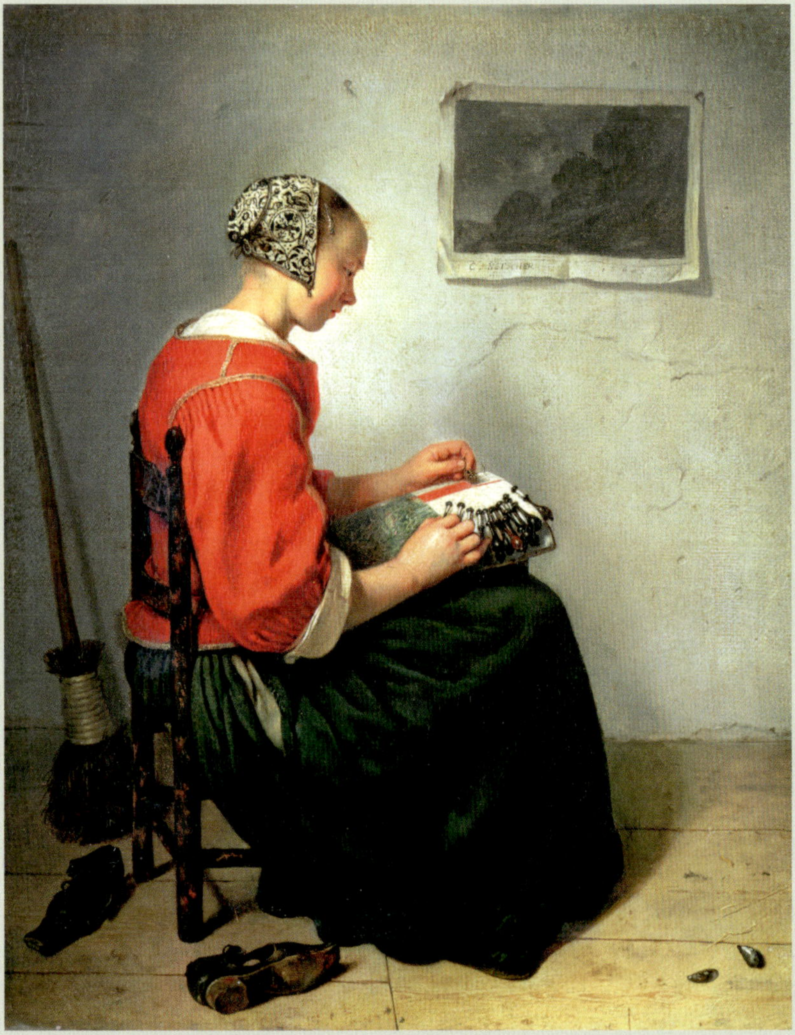

Caspar Netscher, um 1639–1684

Die Spitzenklöpplerin, 1664
London, Wallace Collection

Die Spitzenklöpplerin

Der Raum, in dem die junge Spitzenklöpplerin sitzt und arbeitet, ist ausgesprochen kahl. An der Wand hängt ein einzelner großer Stich, der im Laufe der Jahre bereits etliche Knicke und Blessuren erfahren hat. In der linken Zimmerecke steht ein kräftiger Besen, der anscheinend nicht oft genutzt wird, denn am Boden liegen Muschelschalen verstreut. Apropos Unordnung: Auch die Schuhe, die die junge Frau ausgezogen hat, sind nicht akkurat zusammengestellt. Ihre Füße ruhen offenbar auf einer kleinen Fußbank, die von der Fülle ihres Rocks verborgen wird.

Die Spitzenklöpplerin selbst vermittelt mit der leuchtend roten Jacke, dem dunklen Rock und der Haube einen eher gepflegten Eindruck. Vielleicht hat auch nur ihr Arbeitswille sie schnell zum Klöppeln getrieben, sodass sie sich der Schuhe einfach im Laufen entledigt hat. Das Licht fällt von oben links ins Bild und beleuchtet nicht nur ihre Rückenansicht, sondern auch ihre Arbeit: das Klöppelkissen.

Beim Klöppeln werden Spitzen hergestellt, die damals meist zum Schmücken von Kleidungsstücken verwendet wurden. Vor allem wenn mit sehr feinem Leinengarn gearbeitet wird, ist das eine ausgesprochen zeitintensive Arbeit. Die Fäden, die um die Klöppel, kleine spindelförmige Spulen, gewickelt sind, werden miteinander durch Kreuzen und Drehen verflochten. Bei komplizierten Mustern kann ihre Zahl leicht in die Hunderte gehen. Die Muster, die entstehen sollen, sind auf dem Klöppelbrief unter dem Werkstück aufgezeichnet. Die noch unfertigen Spitzen halten Stecknadeln in Position.

So ist »Die Spitzenklöpplerin« von Netscher ein Bild, das eine junge Frau in spartanischer Umgebung zeigt, wie sie ihrer Erwerbsarbeit nachgeht. Auch wenn die Tätigkeit in allen sozialen Schichten gepflegt wurde, lassen der kahle Raum und die ordentliche, aber wenig kostbare Kleidung der Klöpplerin darauf schließen, dass sie gegen Bezahlung und nicht als Freizeitbeschäftigung arbeitet.

Wird heute die Arbeit der Klöpplerin zumeist von der Maschine übernommen, war das Klöppeln früher ein wichtiger Wirtschaftszweig. In Deutschland war vor allem das Erzgebirge Zentrum des Spitzenklöppelns, international jedoch spielten Italien und die Niederlande die Hauptrollen.

Hausmütterchen (Ein Wiegenlied)

Obgleich Johann Georg Meyer von Bremen ein sehr umfangreiches Œuvre hinterlassen hat, ist er der breiten Öffentlichkeit doch kaum bekannt. Sein Werk besteht vor allem aus Innenraumbildern, die Menschen bei alltäglichen Beschäftigungen zeigen. Es waren keine besonderen Personen von Stand, die er abbildete, sondern einfache Leute aus dem Volk. Dieser Umstand erklärt vielleicht auch, warum sich auffallend viele seiner Bilder im Reisegepäck von Auswanderern in die USA befanden, die auf diese Weise ein Stück vertrauter Heimat mit sich in die Fremde nahmen. Teilweise atmen Meyers Bilder noch den Geist des Biedermeiers, jener Epoche zwischen dem Ende der Befreiungskriege gegen Napoleon und der Revolution von 1848. Diese Phase der deutschen Kunst- und Kulturgeschichte wurde durch große Rückzugstendenzen geprägt. Während die Staatsmacht darauf bedacht war, die überkommenen Strukturen, die durch Napoleon durcheinandergewirbelt worden waren, wieder zu restaurieren, vollzogen viele Bürger einen Rückzug von der Öffentlichkeit ins Private. Damit erklärt sich auch, dass in dieser Zeit Bilder besonders populär waren, die privates Glück, bescheidenen Wohlstand und bürgerliche Tugenden zeigten.

In diese Denkmuster fügt sich das »Hausmütterchen« von Johann Georg Meyer von Bremen bestens ein. Ein kleines Mädchen kümmert sich in einem idyllischen Ambiente um sein Geschwisterchen, das in einer Wiege schläft. Die Kleine sitzt auf einem Stuhl, und obwohl ihre Füße noch nicht einmal den Boden berühren, weiß sie bereits, wie man züchtig und tugendhaft mit Wolle und Nadel umgeht. Der auf den ersten Blick so romantisch wirkende Umraum entpuppt sich auf den zweiten nur als Dachkammer mit Schrägen und einer Gaube, also als eine äußerst enge und bescheidene Wohnstatt. Da in der Stube ein ziemliches Durcheinander herrscht, ist das Mädchen vielleicht sogar mit der Betreuung des Geschwisterchens überfordert. Natürlich stellt sich auch die Frage nach den Eltern der Kinder: Wo sind sie, und warum lassen sie ein Kind ein Baby hüten? Vermutlich müssen beide Elternteile einer Lohnarbeit nachgehen, um für den Unterhalt der kleinen Familie zu sorgen, sodass es die Aufgabe des Mädchens ist, auf sein Geschwisterchen aufzupassen. Schon von frühester Kindheit an wird es an die Mutter- und Frauenrolle gewöhnt.

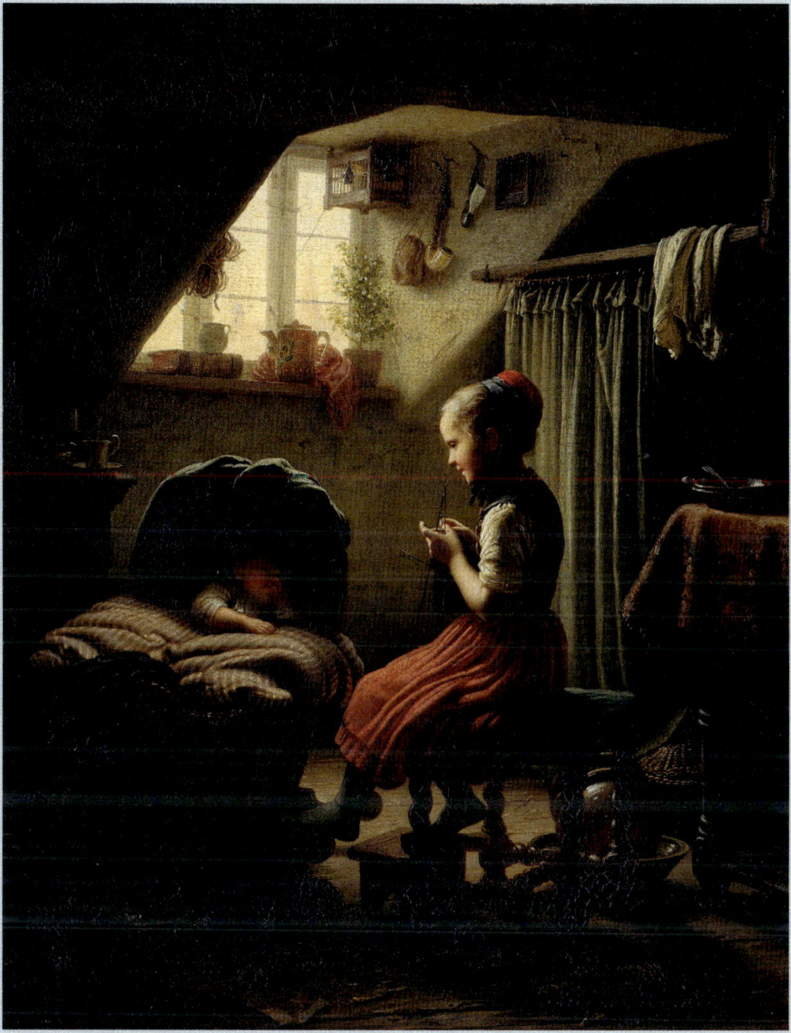

Johann Georg Meyer von Bremen, 1813–1886

Hausmutterchen (Ein Wiegenlied), 1854
Berlin, Nationalgalerie

Spinnende Schäferin

In Jean-François Millets Werk nehmen die Darstellungen von Menschen vom Lande eine wichtige Rolle ein. Seine berühmtesten Bilder wie die »Ährenleserinnen« (1857) und »Angelus« (1857–59) zeigen die arme, arbeitsame und gottesfürchtige Bevölkerung fernab von den Städten. Auch die abgebildete junge Schäferin oder Spinnerin lebt auf dem Land.

Mitte des 19. Jahrhunderts schaute die Stadtbevölkerung noch mit Argwohn auf jene Menschen herab, die weit von den Metropolen entfernt die Äcker bearbeiteten. Doch die Industrialisierung veränderte die Gesellschaft nachhaltig. Das Leben vom Erwirtschaften und Verkaufen landwirtschaftlicher Erträge wurde immer schwieriger, zumal dann, wenn die Äcker nur klein waren. Hunderttausende flohen in die Städte, die binnen kürzester Zeit explodierten und zu eng für ihre Bewohner wurden. Auch die mittelalterlichen Strukturen mit Festungswällen und Stadtmauern brachten enorme Probleme wie beispielsweise menschenunwürdiges Wohnen mit sich.

So ist Millets Blick auf das Land geradezu nostalgisch verklärt. Aus seinen Bildern spricht das Sehnen nach der »guten alten Zeit«, die für immer vergangen ist. Die Landbevölkerung wird von Millet, der

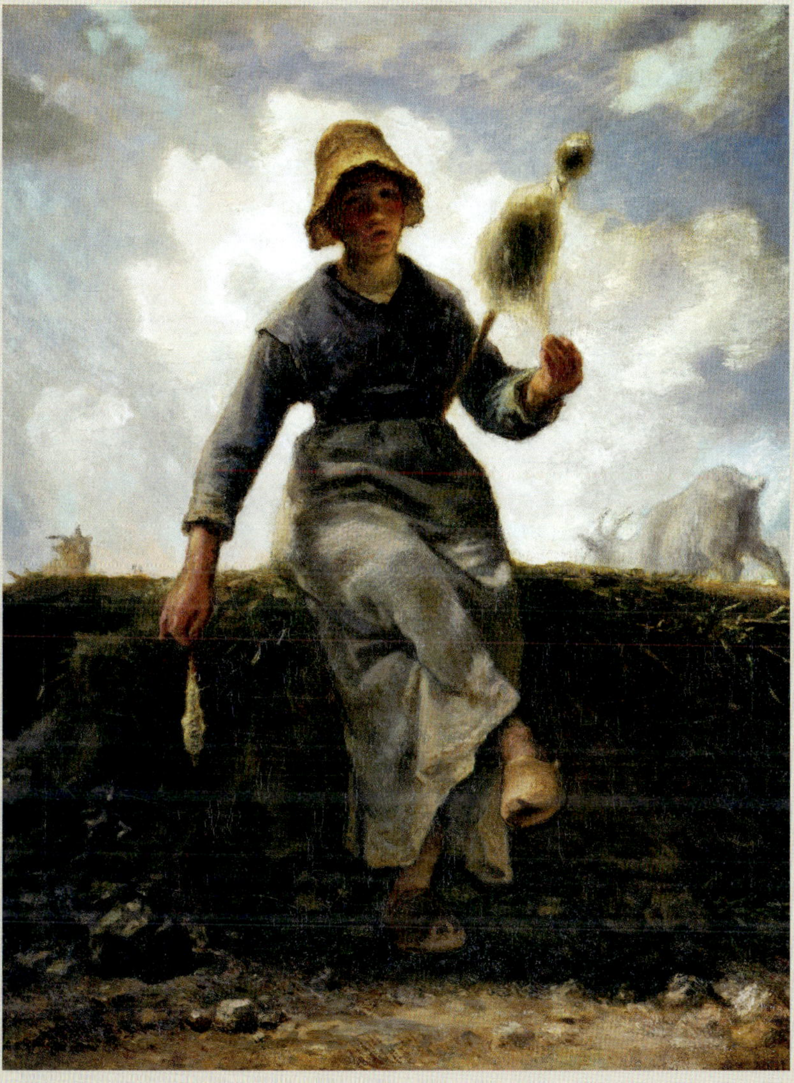

Jean-François Millet, 1814–1875

Spinnende Schäferin (La Fileuse), 1868/69
Paris, Musée d'Orsay

übrigens selbst aus einer wohlhabenden Bauernfamilie stammte, als arbeitsam, mit dem Boden verhaftet und moralisch integer geschildert. Das abgebildete Mädchen trägt züchtig eine Haube auf seinem Kopf. Die weißen Wolken am Himmel umrahmen die Arbeitsame fast wie eine Aureole. Mit übereinandergeschlagenen Beinen und keck auf einer Bodenwelle sitzend, hütet es offenbar Ziegen, eine unanstrengende Tätigkeit, die gut mit weiteren Arbeiten kombiniert werden kann. »Multitasking« ist der zeitgenössische Begriff für das gleichzeitige Tun verschiedener Dinge, worin ja gerade Frauen Meisterinnen sein sollen. Auch schon bei unserem Beispiel aus dem 19. Jahrhundert reicht es nicht, nur das Vieh zu hüten, es muss auch noch gesponnen werden. Dabei ist das Spinnen mit Spinnrocken und Spindel, das längst nicht so effizient ist wie mit dem Spinnrad oder auch das industrielle Spinnen, für die Weide bestens geeignet, weil das Arbeitsgerät leicht, stabil und einfach mitzunehmen ist.

Unschuld

Neugierig schaut uns ein kleines Mädchen mit losem, lockigem Haar an, während es häkelnd vor einem Brunnen steht. In der Malerei des späten 19. Jahrhunderts war weibliche Unschuld als Bildthema weit verbreitet. Zur Verdeutlichung des Sujets trugen die Dargestellten häufig eine weiße Lilie, die Mariendarstellungen entlehnt wurde. Meist aber waren die Mädchen in den Bildern älter und zeigten bereits Entwicklungsansätze zur Frau. In diesem Schwebezustand, nicht mehr Kind, doch noch nicht Frau, schienen sie einen ganz besonderen Reiz auf Maler und Käufer auszuüben.

Bouguereau wählte einen anderen Weg, indem er die Kindlichkeit gerade nicht sexualisierte. Er zeigt uns ein kleines Mädchen vom Lande, das den Betrachter wach und neugierig anschaut, während es seine Handarbeit verrichtet.

Selbst ein so junges Kind musste offenbar häkeln, spinnen oder stricken, und das sogar im Freien. Keine Minute des Tages durfte ungenutzt bleiben, kein Moment ohne Arbeit sein. So wurden schon die Mädchen auf das ihnen bevorstehende Arbeitsleben konditioniert, wobei aber sicher auch wieder die Angst davor eine Rolle spielte, dass müßige Frauen eventuell auf Abwege geraten könnten. Also war es

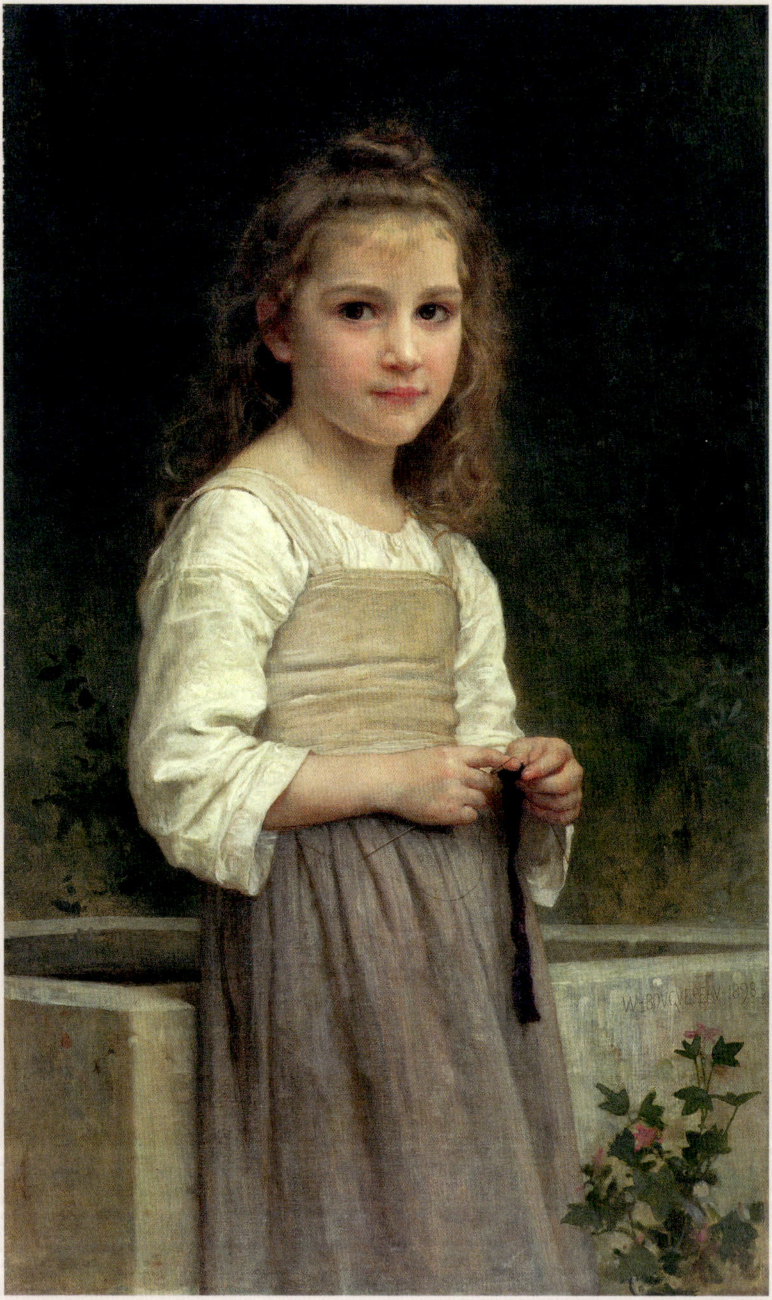

bei ihrer Erziehung geradezu Pflicht, ihnen schon in jungen Jahren die Faulheit abzutrainieren, damit sie auch als Erwachsene tugendsam und dem (Ehe-)Mann untertan blieben.

Bouguereau feierte zu Lebzeiten große Erfolge mit seinen Bildern, die sich oft durch fotografische Genauigkeit auszeichneten. Auch wenn die etwas süßlich anmutenden Darstellungen aus der Mode gerieten, als die Moderne den Sieg davontrug, findet man Reproduktionen seiner Werke heute wieder in fast jedem Postkarten- und Postergeschäft. Ob dies jedoch als Zeichen für das nostalgische Sehnen nach einer untergegangenen Zeit zu interpretieren ist, sei dahingestellt.

William-Adolphe Bouguereau, 1825–1905

Unschuld, 1898
Manchester, Art Gallery

Max Liebermann, 1847–1935

Amsterdamer Waisenmädchen, 1876
Berlin, Alte Nationalgalerie

Amsterdamer Waisenmädchen

Fast jeden Sommer von 1875 bis 1913 verbrachte der Berliner Maler Max Liebermann in den Niederlanden. Monatelang reiste er durch das Land. In Waisenhäusern und anderen sozialen Einrichtungen stieß er auf viele Motive für später ausgeführte Gemälde. So besuchte der Künstler auch das Amsterdamer Waisenhaus für Mädchen. Bei dem Bild, das in der Alten Nationalgalerie Berlins seine Heimat gefunden hat, handelt es sich um eine Vorstudie zu der heute im Frankfurter Städel aufbewahrten endgültigen Fassung.

Es ist Pause, die Mädchen dürfen die Unterrichtsräume verlassen und sitzen nun im Hof des Waisenhauses. Sie tollen weder herum, noch spielen sie. Trotz der eigentlich zur Erholung gedachten Unterbrechung arbeiten sie an ihren Werkstücken weiter, die sie im regulären Unterricht nicht fertigstellen konnten. Doch die ruhige Beschaulichkeit, welche die Kinder ausstrahlen, ist trügerisch. Hier geht es um harte Arbeit! Immerhin war es zu der damaligen Zeit gang und gäbe, dass die Mädchen durch das, was sie produzierten, zum Unterhalt der Waisenhäuser beitrugen. Auch im Deutschen Reich war es

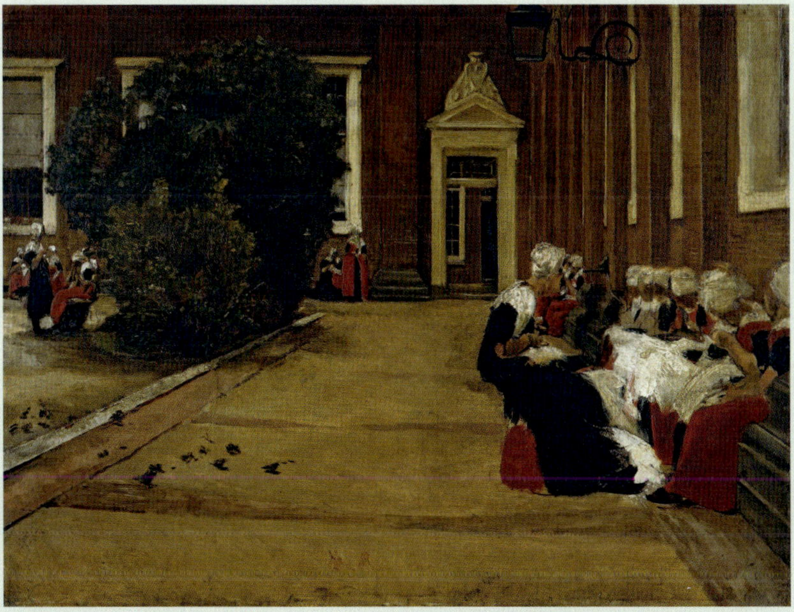

nicht unüblich, dass solche Einrichtungen stattliche Gewinne durch die Arbeiten ihrer Schützlinge erwirtschafteten. So wurden bereits im Kindesalter funktionierende Kräfte für den Arbeitsmarkt ausgebildet, die stumm und emsig die aufgetragenen Arbeiten verrichteten. Dennoch war eine solche Ausbildung sicherlich auch die unverzichtbare Grundlage, um später ein Leben finanzieren oder zum Familienunterhalt beitragen zu können.

Besonders bei dieser Art der Bilder liegt die Frage nahe, ob Liebermann mit ihnen eine soziale Aussage verknüpfen wollte. Auch wenn dies im Nachhinein kaum zu beantworten ist, so ist doch sicher, dass diese Darstellungen nicht nur harmlose Schulszenen sind, sondern ebenso Zeugnisse von arbeitenden Kindern im fortgeschrittenen 19. Jahrhundert. Noch heute, und daran sei an dieser Stelle erinnert, müssen in vielen Schwellen- und Entwicklungsländern Kinder in der Textilindustrie zu Hungerlöhnen schuften, um ihrer Familie das Überleben zu sichern.

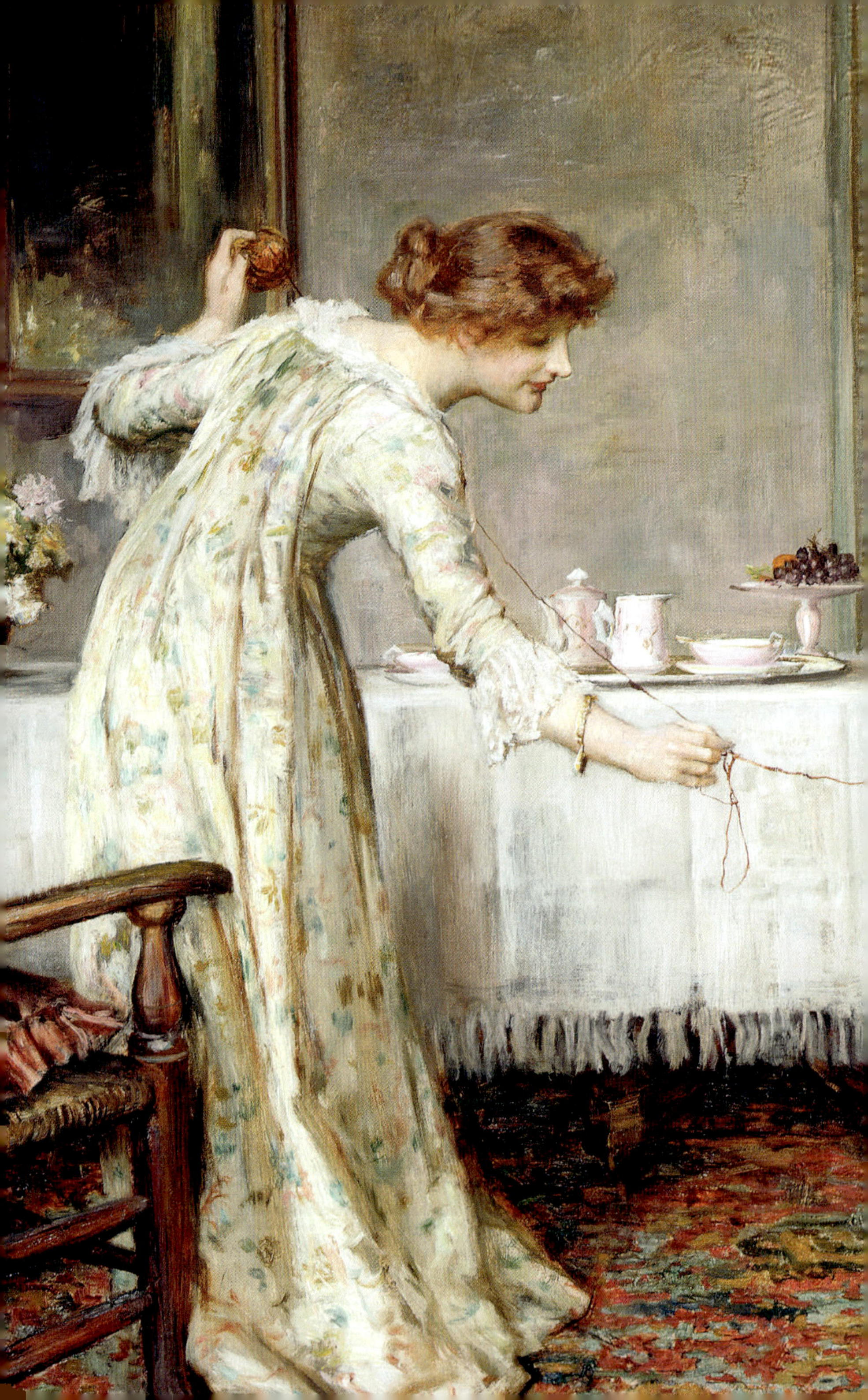

Tugend in Gefahr: Umworbene und Verführte

»Mit großem Ernst verwies ich's ihm;
Doch ward er kühner stets und freier,
Umarmte mich voll Ungestüm,
Und küßte mich so rot wie Feuer.
O sagt mir, Schwestern, sagt mir an:
War's möglich, daß ich weiterspann?«

HEINRICH VOSS

Carl Spitzweg, 1808–1885

Der Liebesbrief, 1845/1846
Berlin, Nationalgalerie

Der Liebesbrief

Eine echte Hinterhofidylle hat Carl Spitzweg mit seinem »Liebesbrief« geschaffen. Der Maler aber war alles andere als ein Hinterhofkünstler. Auch wenn der studierte Apotheker als Maler ein Autodidakt war, so war er doch kein einzelgängerischer Sonderling. Sein Horizont war sehr weit, er unternahm viele Reisen, zeigte großes Interesse für Land und Leute, gerade auch für die »kleinen Leute«, die er so gerne zu Helden und Heldinnen seiner Bilder gemacht hat.

Es ist Mittag oder früher Nachmittag. Ein junges Mädchen, das dem Betrachter den Rücken zuwendet, sitzt im Hof und liest. Neben ihm wachsen ein paar wundervolle, hohe weiße Lilien, Symbol der Reinheit und Unschuld. Ihm gegenüber sitzt eine ältere, recht gerundete Frau – Haube und Spitzenkragen weisen sie als ehrbar aus –, die in der Mittagswärme eingeschlafen zu sein scheint und nun ein Nickerchen hält. Bis der Schlaf sie überfiel, arbeitete sie mit Wolle – alle Utensilien, die sie benötigt, befinden sich auf dem Tisch. Vielleicht ist es die Mutter oder eine unverheiratete Tante der jungen Frau. Ganz sicher ist, dass die ältere Frau auf den tadellosen Ruf der jüngeren bedacht sein wird.

In diese mittägliche Idylle bricht die Außenwelt in Gestalt eines Postillions ein, der, seinen Hut zum Gruße hebend, über die hohe Gartenmauer schaut. Es ist, als erahne er das Schläfchen der älteren

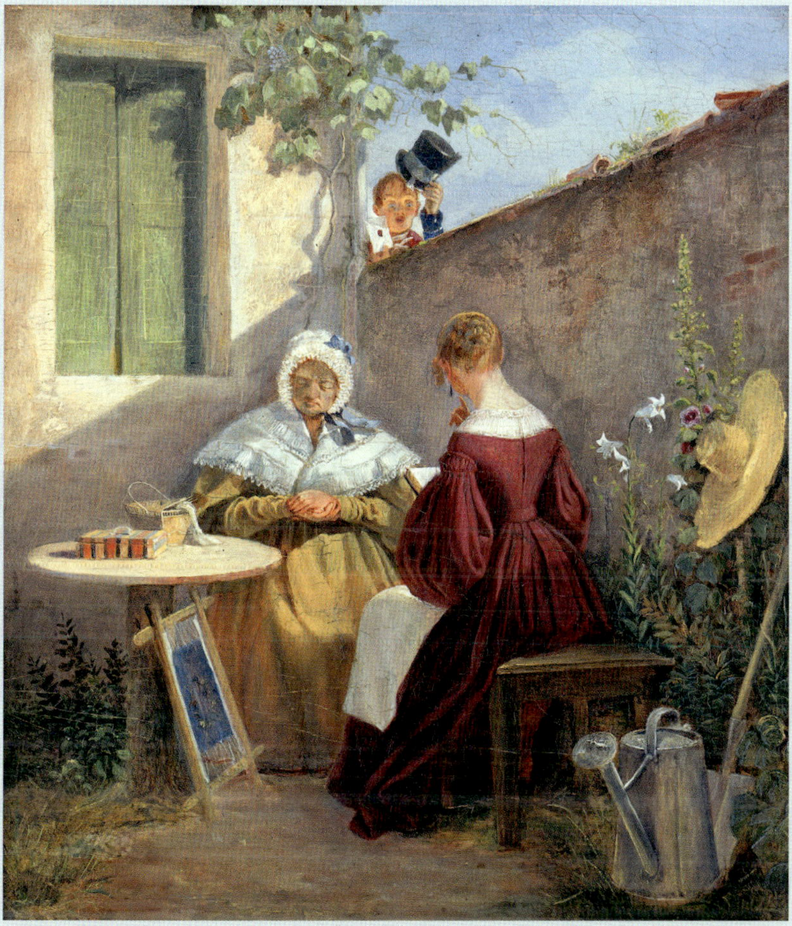

Frau, denn er scheint sich zu mühen, Aufmerksamkeit zu erlangen, ohne geräuschvoll zu sein. Die junge Frau bemerkt ihn und gibt ihm ein Zeichen, still zu sein und zu schweigen. Sie ist also die Empfängerin des versiegelten Briefs.

Ob es der Brief eines verliebten Verehrers ist? Dies ist unweigerlich die Vermutung des Betrachters, der sogleich an heimliche Verabredungen, an ein Rendezvous oder dergleichen denkt. Und nun kommt auch wieder die Wollarbeit ins Spiel: Die tugendhafte Frau verrichtet Wollarbeiten – und wenn die Tugend schläft, hält das Laster Einzug.

Francis Sydney Muschamp, tätig 1884–1903, †1929

Das Wirrwarr (A Tangle), 1897
Privatsammlung

Das Wirrwarr

Über den britischen Maler Francis Sydney Muschamp ist nicht viel bekannt, doch es wäre mit Sicherheit lohnend, sich auf Spurensuche zu begeben. Immerhin weiß man, dass er etliche britische Kunstausstellungen mit seinen Bildern bestückte, darunter auch die Royal Academy. Viele seiner Werke beziehen sich auf oder illustrieren Werke Shakespeares und die klassische Mythologie.

Auf diesem Bild hat sich ein Mann in Rokokokleidung auf einem Stuhl niedergelassen und hält mit den Händen einen Wollstrang auseinander. Ihm gegenüber steht eine junge und attraktive Frau, die die Wolle zu einem Knäuel aufwickelt, aber innehalten muss, um eine Verschlingung zu entwirren. Doch nicht nur die Wolle hat sich ineinander verschlungen! Auch die Schöne und ihr Galan haben sich durch den Faden, der vor der weißen Tischdecke so gut zu erkennen ist, aneinandergebunden, sie haben sich in ihm verfangen.

Ist sie nun dabei, ihn zu umgarnen, oder geht die Initiative von ihm aus? Die Frage lässt sich kaum beantworten. Immerhin ist sie noch immer mit ihrer Wollarbeit beschäftigt, befasst sich also mit einer weiblichen, tugendhaften Tätigkeit, auch wenn sie sich dabei von ihm helfen lässt.

Das Bild zeichnet sich durch einige merkwürdige Anachronismen aus. Die Garderobe der Personen, Mobiliar, Geschirrformen, Teppich

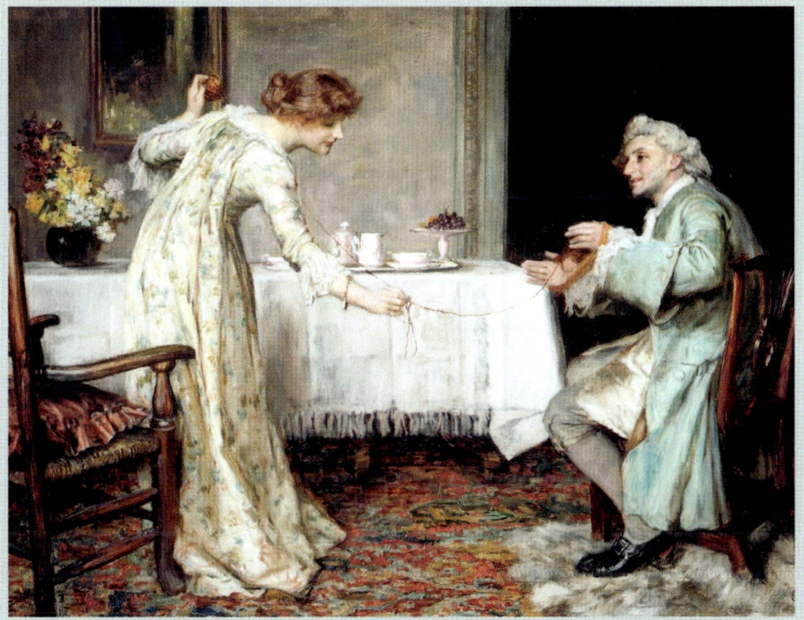

und Fell am Boden: All das will nicht so recht in ein und dieselbe Zeit passen. Beim Betrachter keimt der Verdacht auf, dass sich der Kavalier auf dem Weg zu einem Kostümfest befindet oder eben erst von einem solchen zurückgekehrt ist. Mit Sicherheit aber ist zu sagen, dass seine vom Rokoko inspirierte Kleidung und ihr Kleid nicht zeitgleich getragen wurden. Vielleicht gibt es zu dem Rätsel aber auch eine ganz einfach Lösung, und der Maler kannte sich einfach nicht mit Stilepochen aus? Aber wer weiß das schon ...

Die eingeschlafene Spinnerin

Gustave Courbet war ein politisch denkender und engagierter Mann, der nach dem Aufstand der Pariser Kommune im Jahr 1871 Frankreich verlassen musste. Er emigrierte in die Schweiz, wo er bis zu seinem Tod am Genfer See lebte.

Das Wissen um Courbets Lebensumstände ist notwendig für die Interpretation des Bilds in Montpellier, das eine während der Arbeit eingeschlafene Spinnerin zeigt. Einerseits lassen das Ambiente des Umraums, das kunstvoll gestaltete Spinnrad, der bequeme und gepolsterte Sessel sowie die Kleidung der Frau an ein bürgerliches Milieu denken, andererseits war es Mitte des 19. Jahrhunderts bereits nicht mehr verbreitet, dass Bürgersfrauen Wolle oder Flachs verspannen. In aller Regel verrichteten sie um diese Zeit andere Wollarbeiten wie beispielsweise Sticken.

Courbet selbst soll einmal gesagt haben, dass es sich bei dem Modell für seine Spinnerin um eine Kuhhirtin gehandelt hat. Damit stellt sich dem Betrachter sogleich die Frage, ob die proletarische Herkunft der Frau eine Bedeutung für die Bildaussage hat. Immerhin saß eine einfache Arbeiterin als Bürgerin Modell!

Handelt es sich nun bei dieser Malerei um ein Genrebild, das eine müßige Hausfrau zeigt? Und falls man diese Frage bejaht, was mag dies bedeuten? In den 1970er-Jahren wurden wilde, ja beinah abenteuerliche Interpretationen zu diesem Bild versucht, die sich ausgesprochen stark an Sigmund Freud und seiner Traumdeutung orientierten. So wurde die Frau zu einer Allegorie weiblicher Autoerotik und Fruchtbarkeit.

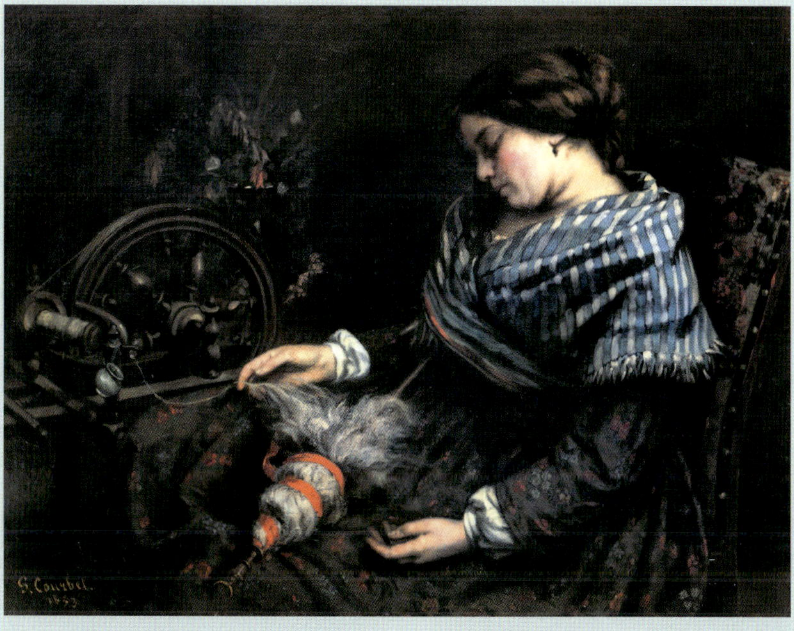

Vielleicht aber liegt der Schlüssel zu diesem Bild doch etwas näher: Seit dem späten Mittelalter wurde die Verweigerung des Spinnens mit der Faulheit in Verbindung gebracht. So handelte denn auch so manches Märchen von Mädchen und jungen Frauen, die sich dem Spinnen entziehen wollten, was ihre Neigung zum Müßiggang illustrieren sollte.

Wenn im Nachhinein auch nicht eindeutig zu entscheiden ist, was genau Courbet ausdrücken wollte, ein grandioses Bild des französischen Realismus ist »Die eingeschlafene Spinnerin« trotz der vielen Deutungsmöglichkeiten – oder vielleicht auch gerade deshalb.

Jean Désiré Gustave Courbet, 1819–1877

Die eingeschlafene Spinnerin, 1853
Montpellier, Musée Fabre

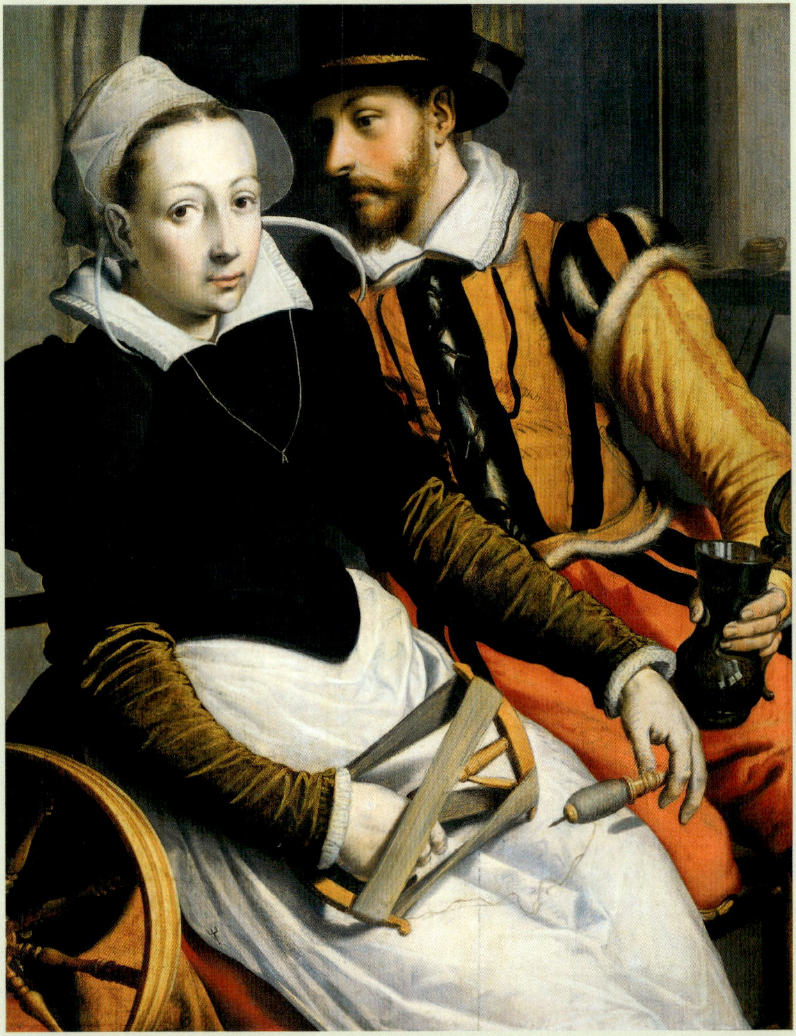

Pieter Pietersz, 1540/41–1603

Mann und Frau mit einem Spinnrad, 1560–1570
Amsterdam, Rijksmuseum

Mann und Frau mit einem Spinnrad

Auch wenn Pieter Pietersz' »Mann und Frau mit einem Spinnrad« unverkennbare Porträtzüge tragen – vermutlich haben tatsächlich Dienstboten Modell gesessen –, dürfte es sich dennoch nicht um ein Bild des Genres im strengen Sinne handeln. Das Thema ist zu unschicklich, als dass es sich in der damaligen Zeit geziemt hätte, derart dargestellt zu werden.

Auf den ersten Blick scheint alles in allerbester Ordnung. Die junge, vermutlich verheiratete Frau ist mit ihrer Wollarbeit beschäftigt. Während sie haspelt, wird der gesponnene Faden von der Spindel auf die Haspel übertragen, sodass auf diese Weise Fadenstränge entstehen, die dann von der Haspel abgezogen und einfach eingefärbt werden können. Während die Frau beherzt in die Haspel greift, um diese festzuhalten, umfasst sie die Spindel fast schon zärtlich. Den Betrachter des Bilds schaut sie mit einem nahezu regungslosen und etwas melancholischen Blick direkt an.

Doch ist sie nicht alleine in dem nahezu undefinierten Wohnraum. Von rechts nähert sich ein auffallend modisch gekleideter Mann mittleren Alters, der neben ihr auf der Bank Platz genommen hat und ihr damit sehr nahe rückt. In seiner Linken hält er ein Bierseidel mit geöffnetem Deckel. Ist ihm der Alkohol vielleicht zu Kopf gestiegen, sodass er jetzt die Frau bedrängen will? Vor allem durch seine Proportion und die Position, an die der Seidel gehalten wird, ist der Krug durchaus phallisch zu interpretieren. Offenbar hat die hübsche Frau den Mann erregt. Ob sie ihm widerstehen wird? Letztlich ist dieses Bilderrätsel kaum zu entschlüsseln, dokumentiert es doch mit der Woll- oder Flachsarbeit eine hohe sittliche Moral der Frau, die der Mann überwinden müsste.

Aber zurück zur Spindel. Könnte nicht auch sie phallisch zu deuten sein? Die Schlussfolgerung liegt nah, und in der niederländischen Genremalerei gibt es tatsächlich zahllose Beispiele, die ganz eindeutig sexuelle Regungen symbolisch in Objekte überführen. Ob nun Fisch, Gemüse oder Spindel, viele alltägliche Gegenstände können zu sexuellen Verweisen werden. Und wenn auch ihr Handarbeitswerkzeug solch ein Symbol ist, dann wird die Frau in nicht allzu langer Zeit dem Drängen des Mannes nachgeben.

Die Lady von Shalott

Viele englische Maler und Malerinnen des 19. Jahrhunderts setzten sich mit der Lady von Shalott des Lyrikers Alfred Lord Tennyson (1809–1892) auseinander. 1832 veröffentlichte der erst 23-Jährige die erste Fassung seines Gedichts, der 1842 eine überarbeitete zweite folgte. Darin lebt die namenlose Lady in einem Schloss und arbeitet tagein, tagaus an einem Gewebe. Wegen eines Fluchs, der nicht näher erläutert wird, ist es ihr verboten, aus dem Fenster zu schauen, doch in einem Spiegel kann sie sehen, was sich draußen ereignet. Eines Tages bemerkt sie das Spiegelbild des stolzen und schönen Ritters Sir Lancelot. Sie kann sich nicht mehr beherrschen und wendet sich dem Fenster zu. Im selben Augenblick zerspringt der Spiegel, und der Stoff, an dem sie so lange gewebt hat, ist zerstört. Daraufhin verlässt die Lady das Schloss und besteigt am Flussufer ein Boot. Während es sie in Richtung der Stadt Camelot treibt, singt sie ihr letztes Lied und stirbt. Die Menschen strömen herbei, um die wunderschöne Tote zu bestaunen. Auch Sir Lancelot ist unter ihnen und sagt: »Sie hat ein liebliches Gesicht, Gott in seiner Gnade schenke ihr Erbarmen, der Lady von Shalott.«

Egley hat für seine Darstellung den Augenblick gewählt, in dem sich die Lady vom Webstuhl erhoben hat und ans Fenster getreten ist. Links im Bild ist der Spiegel zu sehen, in dem sie die Welt beobachten

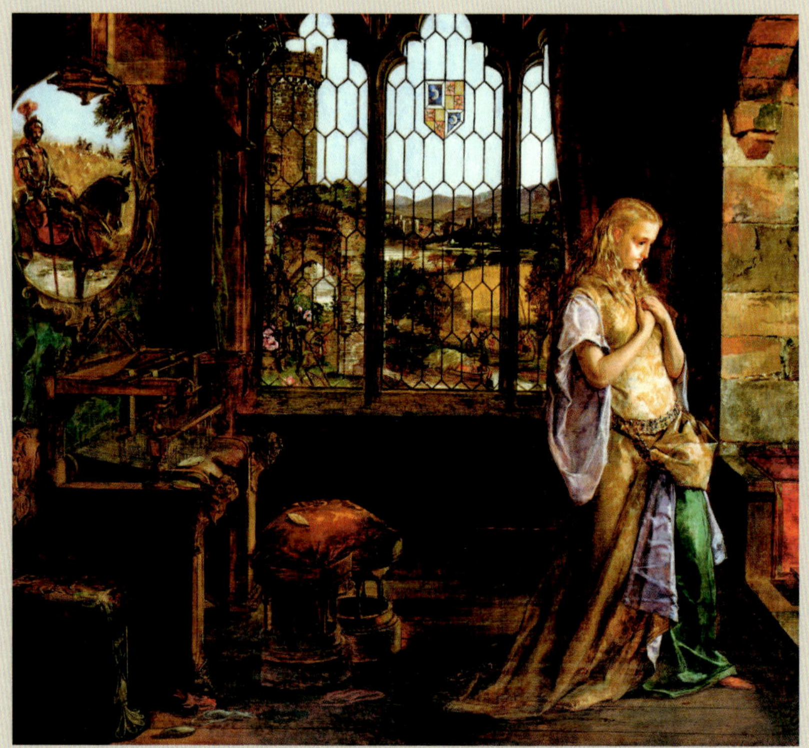

William Maw Egley, 1826–1916

Die Lady von Shalott, 1858
Sheffield, Galleries and Museums Trust

kann und in dem sich nun Sir Lancelot auf einem Pferd zeigt. Noch ist der Spiegel ganz, doch im nächsten Augenblick wird er zerspringen, und auch das Gewebe auf dem Webstuhl wird zerstört sein.

Tennyson ruft in seinem Gedicht eine Mittelalterstimmung hervor, die Egley in seinem Bild aufzunehmen versucht. Doch große Mittelalterstudien hat der Maler augenscheinlich nicht betrieben. So geriet das Zimmer der Lady viel zu prachtvoll, und Egley komponierte ein Gemälde, das mit der realen Epoche des Mittelalters nicht allzu viel gemeinsam hat.

Nichtsdestotrotz lässt sich von der Darstellung der Lady von Shalott in Gedicht und Bild gleichermaßen eine handfeste Warnung ablesen: Frau, bleib dort, wohin du gesetzt bist – gehst du fort, so wird dir großes Unheil geschehen. So sind die Worte Lancelots bezeichnend, wenn er die Lady dem gnadenvollen Erbarmen Gottes anempfiehlt. Die Leser und Betrachter bleiben jedoch im Dunkeln und fragen sich, was die Lady nur Schlimmes getan hat, um die Bestrafung durch den Tod zu verdienen.

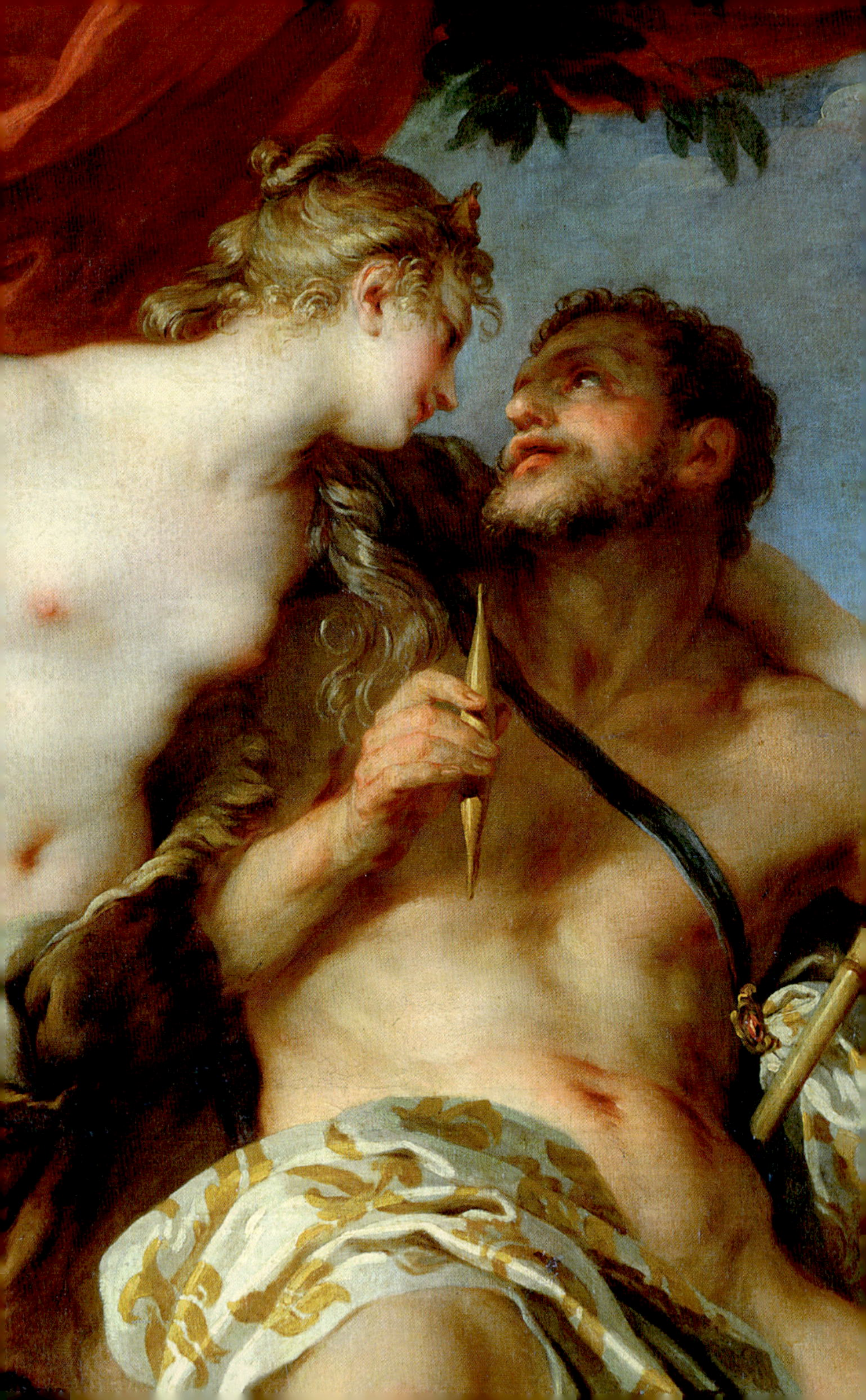

Verkehrte Welt: Spinnende Männer

»Ach, wie oft wohl zerbrach deine starke Hand schon die Spindel, Wenn mit den Fingern so hart du deine Fäden gedreht.«

OVID

Herkules und Omphale

Was, möchte der Betrachter erstaunt fragen, tut der größte, stärkste und berühmteste mythische Held Herkules hier bloß beim Spinnen? Und warum schmückt sich die schöne lydische Königin Omphale mit seinen Stärke symbolisierenden Attributen Keule und Löwenfell? Man mag es kaum glauben, aber den Quellen nach brachte sich der Sohn des Zeus tatsächlich selbst in diese unglaubliche Lage.

Je nach Überlieferung hatte Herkules kurz zuvor einen schweren Tempelraub oder einen Mord begangen. Um Sühne zu leisten, verkaufte er sich als Sklave und kam so in den Besitz der Königin Omphale. Seine Herrin, die seine Identität nicht erkannte, befreite er von allerlei Widersachern und tierischen Landplagen. Durch seine beeindruckenden Taten wurde die Königin auf ihn aufmerksam und machte Herkules schließlich zu ihrem Lustsklaven. Der Heros, der bisher stets rastlos von Heldentat zu Heldentat geeilt war, wurde eine Zeit lang sesshaft. Doch damit nicht genug: Unter dem Einfluss der schönen, verführerischen Omphale und der guten Lebensart an ihrem Hofe verweichlichte er zusehends.

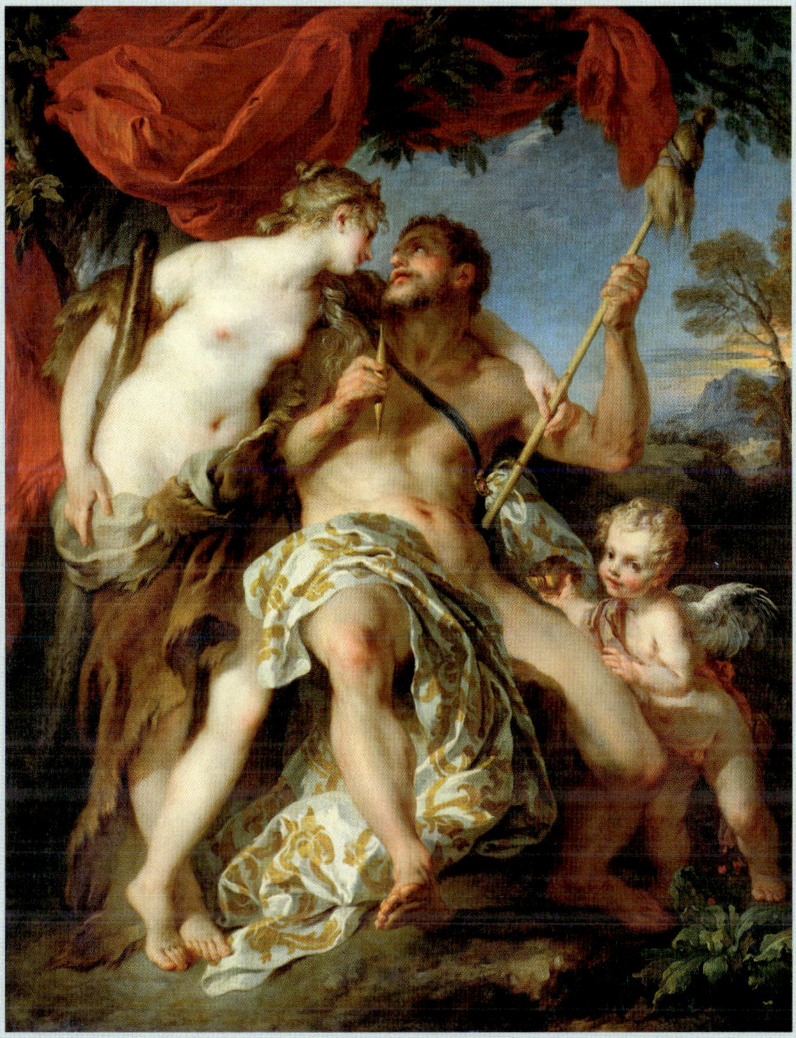

François Lemoyne, 1688–1737

Herkules und Omphale, 1724
Paris, Louvre

Der römische Dichter Ovid schilderte anschaulich, was sich am Hofe der Königin abspielte. Er ließ Deianira, die an Kummer gewöhnte Ehefrau des Herkules, einen Brief an ihn schreiben (Heroides 9,73 ff.):

Unter ionischen Mädchen sollst du jetzt sitzen und spinnen,
Fürchten das harte Wort, das von der Herrin dir kommt –
Schämst du, Alkide, dich nicht, an den leichten Rocken zu legen
Jetzt deine Hand, die doch einst tausend Gefahren besiegt?
Spinnst du mit starker Hand jetzt den Flachs zu haltbaren Fäden,
Wägst du mit gleichem Gewicht dann deiner Herrin zu?
Ach, wie oft wohl zerbrach deine starke Hand schon die Spindel,
Wenn mit den Fingern so hart du deine Fäden gedreht.
Armer, du – hast du tatsächlich vor ihrer Peitsche gezittert,
Legtest zu Füßen dich ihr, fürchtend der Drohungen Kraft?
(Übersetzung: Wolfgang Gerlach)

Der spätantike Dichter Lukian schrieb sogar: »Ich weiß nicht, ob es einen schändlicheren und widerlicheren Anblick gibt, als einen Gott, der das Ideal der höchsten Manneskraft ist, so schmählich in ein Mädchen verkleidet zu sehen.« Der spinnende Held Herkules war in seinen Augen zur lächerlichen Figur mutiert. Schließlich war doch hinlänglich bekannt, dass Spinnen eine Frauenarbeit war, an der ein Mann sich nie versuchen sollte.

Strickender Einsiedler

Obwohl Carl Spitzweg heute einer der meistreproduzierten deutschen Künstler des 19. Jahrhunderts ist, war ihm zu Lebzeiten kein großer Erfolg beschieden. Er verkaufte gerade mal ein Drittel seiner Bilder. Obwohl ihn das persönlich schwer getroffen haben mag, hing seine Existenz nicht davon ab. Als Sohn eines wohlhabenden Kaufmanns, der seinerseits eine vermögende Frau geheiratet hatte, musste Spitzweg nie Not leiden. Zudem hatte der Vater bei der Erziehung darauf geachtet, dass der Sohn zuerst einen soliden Beruf erlernte: Spitzweg hatte Pharmazie studiert und war Apotheker geworden. Die Kenntnisse der Chemie, die er während des Studiums gewann, spielten beim Mischen seiner Farben mit Sicherheit eine Rolle. Man denke nur an sein unvergleichliches Blau.

Oft wurde und wird Spitzweg vorgeworfen, die biedermeierliche Welt zu verherrlichen und den Spießer zu feiern. Doch wer das behauptet, muss sich eines Besseren belehren lassen: Viele seiner Bilder haben es in sich! Auf zugegeben freundliche und charmante Art wird da in einem fort angeprangert und entlarvt.

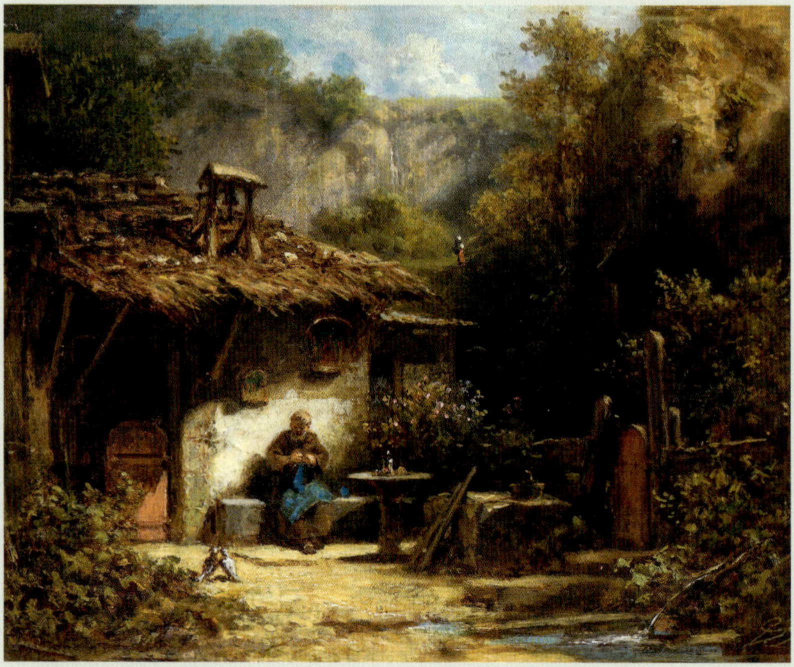

Carl Spitzweg, 1808–1885

Strickender Einsiedler, 1865/75
Zürich, Kunsthaus

Häufig wählte er Kleriker und fromme Einzelgänger als die Ziele seines Spotts, doch der »Strickende Einsiedler« ist wohl eher als Charakterstudie zu verstehen. Die Klause, vor welcher der Einsiedler sitzt, erinnert an eine Ruine. Ein Glöckchen auf dem Dach weist sie als Ort des Gebets aus. Dem Reichtum und den irdischen Gütern hat der Einsiedler abgeschworen, er lebt nun mitten in und mit der Natur. In der Sonne sitzt er nicht einfach nur da und lässt sich von ihr bescheinen, sondern nutzt die Zeit und strickt fleißig. Natürlich stellt sich die Frage, ob Spitzweg vielleicht über die vermeintlich weibliche Handarbeit des Gottesmanns spöttelt. Einerseits wäre es tatsächlich möglich, aber andererseits: Warum sollte der Fromme verspottet werden?

Hier in der Einsamkeit braucht der Einsiedler sich weder durch zu erfüllende Rollenbilder als Mann zu konstruieren, noch gibt es Frauen, von denen er sich durch geschlechtsspezifisches Tun abzusetzen hat. Und da er im Winter wärmende Kleidung tragen möchte, muss er selbst beizeiten anfangen, sie anzufertigen. Obgleich er gegen Rollenbilder zu verstoßen scheint, ist der Einsiedler kaum als Spottbild eines weibischen Manns zu deuten, vielmehr ist er ein Mensch, der sein Schicksal selbst in die Hand genommen hat.

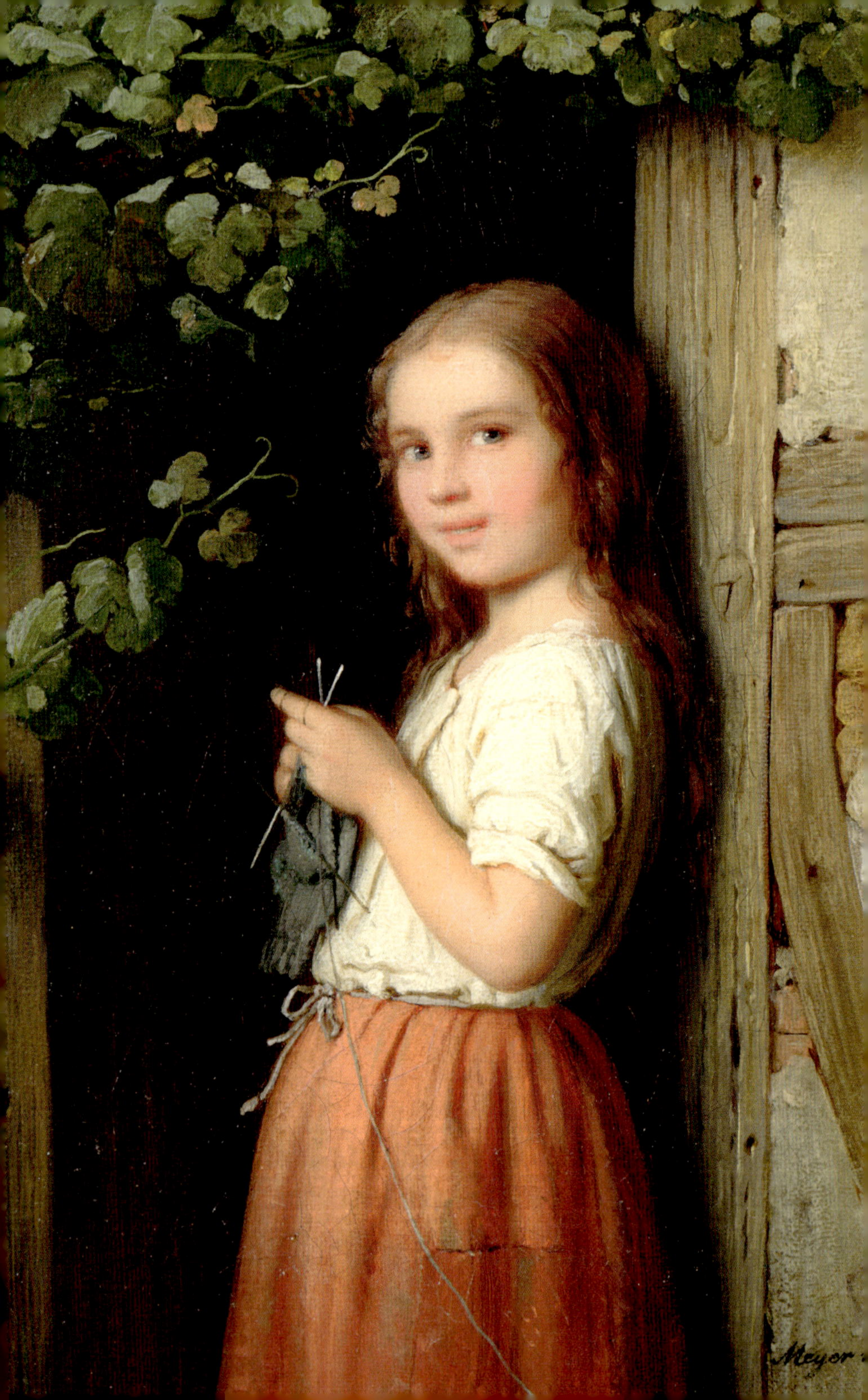
Meyer

Thomas Blisniewski

Handarbeiten kulturhistorisch

Im zweiten Aufzug von Richard Wagners »Fliegendem Holländer« versammeln sich die Mädchen, um unter Aufsicht der Amme Mary zu spinnen, währenddessen erzählen sie sich Geschichten. So singt die weibliche Hauptperson des »Fliegenden Holländers«, Senta, im weiteren Verlauf der Szene die berühmte Ballade vom Schicksal des Holländers. Nach der Last der täglichen Mühen trifft man sich hier, in der Spinnstube von Sentas Elternhaus, zu geselligen und gemeinschaftlichen Wollarbeiten. Mary kommentiert den Fleiß der jungen Frauen mit den Worten:

> *Ei! Fleißig, fleißig! Wie sie spinnen!*
> *Will jede sich den Schatz gewinnen.*

Johann Georg Meyer von Bremen, 1813–1886
Strickendes Mädchen, 1863
Privatsammlung

Kleine Mädchen, die stricken oder sticken, waren ein beliebtes Sujet in der Malerei des 19. Jahrhunderts. Dabei fällt auf, dass diese Kinder armer Eltern stets sehr gepflegt sind und freudig ihre Handarbeiten verrichten.

Das fleißige Spinnen der Mädchen scheint offenbar ein Auswahlkriterium für die jungen und heiratsfähigen Männer bei der Brautwahl zu sein. Sie, die sie im »Fliegenden Holländer« mehrheitlich zur See fahren, sind darauf angewiesen, dass ihnen die zukünftigen Ehefrauen treu bleiben. Die Mädchen ihrerseits wünschen sich nicht nur einen »Schatz«, sie spekulieren auch auf Geschenke, die sie als Lohn und Dank für ihre Treue und natürlich auch ihre Arbeit erwarten. So sagt Mary zu Senta, deren Schatz ein Jäger ist:

Du böses Kind, wenn du nicht spinnst,
vom Schatz du kein Geschenk gewinnst.

Im Libretto, das auch aus Wagners Feder stammt, greift der Komponist mit der Spinnstubenszene etwas auf, was seit Jahrhunderten, ja sogar seit Jahrtausenden mit fraulichem Tun und weiblicher Tugendhaftigkeit verbunden ist: die Handarbeit.

Dabei schließt die Auseinandersetzung mit weiblicher Handarbeit immer auch eine Auseinandersetzung mit der Geschichte weiblicher Identität und einen Teil einer umfassenderen Sozialgeschichte mit ein. Zudem gehört die Handarbeit auch zur Geschichte der Geschlechterverhältnisse sowie der Rollenerwartungen dazu. Was erwarten Männer von Frauen, was von Ehefrauen? Und wie werden Mädchen erzogen, damit sie diese Erwartungen erfüllen können?

»Frauen, die den Faden in der Hand halten« sind daher weder idealisierte Gestalten, die wie aus längst vergangenen Zeiten ins Jetzt herüberwinken, noch sind es arbeitswütige Exotinnen, die ihre rare Freizeit mit Wollarbeiten füllen. Die Wahrheit, wenn es sie denn gibt, ist komplizierter und vielschichtiger:

Da sind die gezwungenen Frauen, die handarbeiten, weil ihre Ehemänner es erwarten. Dann die, die aus Freude und Lust an manuellem Tun und am Gestalten sich mit Wolle und Flachs beschäftigen. Aber es gibt natürlich auch Frauen, die – jenseits aller romantischen Vorstellungen – Wollarbeiten verrichten müssen, damit sie von dem kargen Verdienst überleben können. Und schließlich greifen Frauen auch aus politischen Gründen zu Nadel und Faden, um durch ihre Arbeit bei einer politischen (Um-)Gestaltung, sozusagen aus dem Wohnzimmer heraus, mitzuwirken.

Von ihnen allen, die aus sämtlichen sozialen Schichten und Altersgruppen stammen, wird in diesem Buch berichtet, indem Darstellungen weiblicher Handarbeiten in größere kultur- und sozialgeschichtliche Zusammenhänge eingeordnet werden.

Die Rollenerwartungen an tugendhafte, handarbeitende Frauen im christianisierten Abendland lassen sich auf zwei Überlieferungsstränge zurückführen: Der eine ist das Erbe jüdischen Denkens, das vom frühen Christentum in Teilen beibehalten und tradiert wird, der andere das Erbe der griechisch-römischen Antike, das insgesamt noch wichtiger ist. Bei allen Überlegungen darf allerdings nie vergessen werden, dass die frühen Christen zwar mit aller Energie ihren Glauben durchzusetzen versuchten, sie aber gleichzeitig viele kulturelle Phänomene der Heiden übernahmen und fortführten.

Die Kenntnis antiker Mythen und Erzählungen ist also keineswegs eine Erscheinung, die erst mit der Renaissance beginnt. Beim Tradieren der antiken Literatur verändern sich natürlich die Geschichten, es gibt jedoch keine Unterbrechungen. Einerseits wird das antike Erbe wegen der heidnischen Inhalte abgelehnt, doch andererseits wird gleichzeitig nach Sinnschichten gesucht, die genau dieses Erbe für die Christen nutzbar machen können.

Wenden wir uns zuerst dem jüdischen Erbe zu. Obgleich das Spinnen, Weben und Nähen auch in der jüdischen Antike zu den elementaren Alltagsbeschäftigungen gehörte, werden diese Tätigkeiten im Alten Testament nur selten und am Rande erwähnt. Eine Ausnahme bilden die Sprüche Salomos (Sprichwörter), die mit einem Lob an die tüchtige Frau enden. Dort heißt es im 31. Kapitel, Vers 10 ff. (Text der Einheitsübersetzung):

Eine tüchtige Frau, wer findet sie?
Sie übertrifft alle Perlen an Wert.
[...]

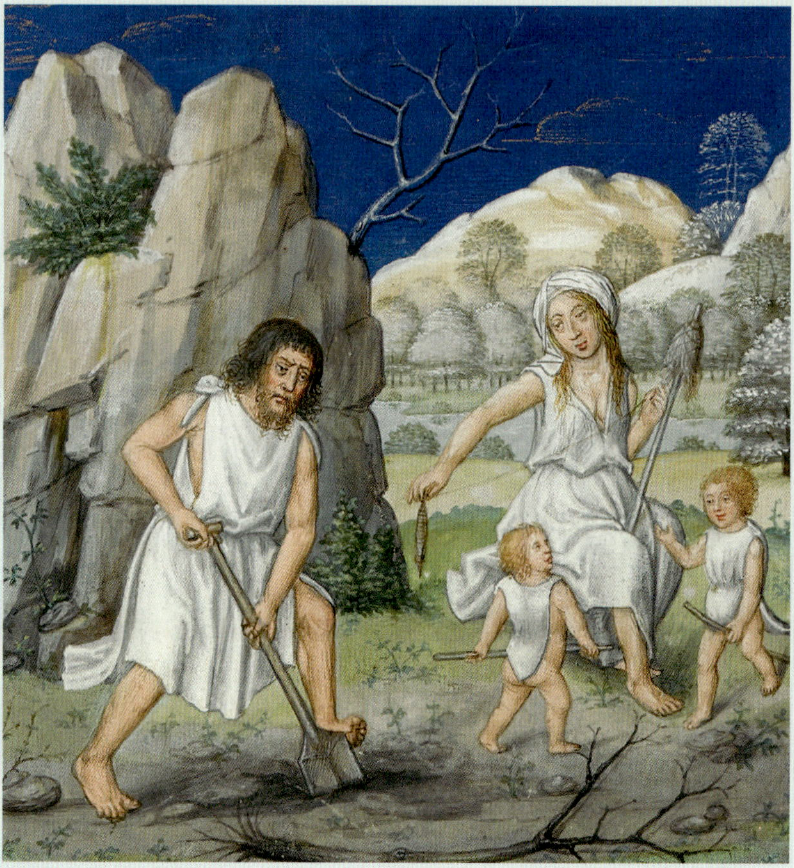

Speculum Humane Salvationis (Heilsspiegel), Ms 139, fol 4r
Adam gräbt und Eva spinnt, um 1500
Chantilly, Musée Condé

Im Heilsspiegel werden Episoden des Alten Testamentes solchen des Neuen gegenübergestellt. Einleitend, dazu gehört auch diese Miniatur, wird die Urgeschichte der Menschheit geschildert.

Sie sorgt für Wolle und Flachs
und schafft mit emsigen Händen.
[...]
Nach dem Spinnrocken greift ihre Hand,
ihre Finger fassen die Spindel.
[...]
Sie webt Tücher und verkauft sie,
Gürtel liefert sie dem Händler.
[...]
Trügerisch ist Anmut, vergänglich die Schönheit,
nur eine gottesfürchtige Frau verdient Lob.
Preist sie für den Ertrag ihrer Hände,
ihre Werke soll man am Stadttor loben.

Diese kurze Textstelle, etwa um 250/200 v. Chr. entstanden, umreißt anschaulich die Funktion der Handarbeit im Leben einer jüdischen Frau, die unzählige Arbeiten zu verrichten hat, von denen gerade die Woll- und Flachsarbeit immer wieder vom Autor erwähnt wird. Der »Ertrag ihrer Hände« wird in unmittelbare Nähe zur Gottesfurcht gerückt. Gottesfurcht und rastloses Arbeiten, beides gehört zusammen, und beides verdient Lob.

Ganz in dieser Tradition stehen auch die Mischna Ketubbot (Heiratsverträge) des Talmuds. Dort heißt es:

Dies sind die Aufgaben, welche die Frau für ihren Mann tut: Sie mahlt, sie bäckt, sie wäscht, sie kocht, sie säugt ihr Kind, sie macht für ihn das Bett zurecht und schafft in Wolle. Wenn sie ihm eine Magd einbrachte, so mahlt, bäckt und wäscht sie nicht selber; wenn zwei, so kocht sie nicht selber und säugt ihr Kind nicht selber; wenn drei, so macht sie für ihn das Bett nicht selber zurecht und schafft nicht selber in Wolle; wenn vier, so kann sie im Lehnstuhl sitzen. Rabbi Elieser sagt: Sogar wenn sie ihm hundert Mägde eingebracht hätte, sollte er sie zwingen, in Wolle zu schaffen, denn Müßiggang führt zur Unzucht.
(Übersetzung: Reinhold Mayer)

Durch Rabbi Elieser, der um 100 n. Chr. lebte, lernen wir hier eine interessante Behauptung kennen, die der Gelehrte sicher nicht selber erfunden hat, doch sehr prägnant formuliert: »Müßiggang führt zur Unzucht.« Im Deutschen kennen wir eine ähnliche Redensart: »Müßiggang ist aller Laster Anfang.« Also wird die Beschäftigung der Frau gefordert, weil sie sonst zu leicht der Verderbnis verfallen könnte. Es ist notwendig, dass die (züchtige) Frau immer und immer zu tun und zu arbeiten hat. Jüdisch wie auch christlich liegt dieser Auffassung der Gedanke zugrunde, Frauen wären von Natur aus überaus lasterhaft und müssten in ihrer sexuellen Aktivität massiv eingeschränkt werden. Die »wilde«, sexuell selbstbestimmte Frau ist eine Form der Weiblichkeit, die das Patriarchat nur schwer ertragen kann. Daher muss sie ans Haus gebunden und domestiziert werden. Die Sichtweise wird übrigens aus Evas Sündenfall abgeleitet und mit ihm auch begründet, weil er schon früh in der Geschichte als sexuelle Verfehlung der Urfrau gedeutet wurde. Die Interpretation lag nahe, da im Hebräischen das Wort für Schlange (nahas) männlich ist. Mit den Bibelübersetzungen ins Griechische und Lateinische wandelte sich zwar das Geschlecht der Schlange ins Weibliche, trotzdem aber blieb die Interpretation bestehen.

Den oben zitierten Spruch Salomos (31,10 ff.) legt der Kirchenvater Augustinus (353/54–430) in seinen »Sermones« (37,6 und 12–13) aus. Bei ihm vollzieht sich eine spannende Ausweitung der Interpretation, da er zwischen dem Verarbeiten beziehungsweise Spinnen von Wolle und dem von Flachs unterscheidet. Gedanklich trennt er also das tierische vom pflanzlichen Rohmaterial. Mit dem Verspinnen von Wolle assoziiert er das fleischliche Handeln des Menschen, während er das Verspinnen von Flachs als Arbeit am Geiste versteht. Vermutlich wusste er, dass sich Wolle sehr viel leichter verspinnen lässt als Flachs, dessen Fasern befeuchtet werden müssen, um nicht zu brechen. An den Wollarbeiten, so fährt Augustinus fort, erkenne man die fleißigen und keuschen Ehe- und Hausfrauen, die mit ihrem Tun gleichsam gute Werke im kirchlichen Sinne verrichten. Die Handarbeit wird von ihm also sowohl konkret als auch in einem metaphorischen Sinn verstanden.

Zudem bringt der Kirchenvater die Tätigkeit des Spinnens mit Vergangenheit, Gegenwart sowie Zukunft in Verbindung: Die ungesponnenen Fasern auf dem Rocken symbolisieren die Zukunft, das Spinnen selbst stellt die Gegenwart dar, die, wenn der Faden sich um die Spindel windet, schon wieder zur Vergangenheit geworden ist. Schlussfolgerung: Ist nun der Prozess des Spinnens das Tun guter Werke, sind diese bei ihrer Vollendung schon längst wieder Geschichte. »Sieh also, wenn du etwas in der Spindel hast, da werden deine Arme gestärkt werden. Da wird dein Glaube stark sein«, so schreibt Augustinus (Übersetzung: L. E. Saurma-Jeltsch). Wenn ein gottgefälliges Leben geführt werden soll, darf die Woll- und Flachsarbeit somit niemals ausgehen. Augustinus, das sei am Rande erwähnt, ließ sich bei seiner Deutung des Spinnvorgangs vom griechischen Philosophen Platon (428/27–348/47) inspirieren, der in seiner »Politeia« (X. 616 ff.) das Spinnen der Moiren, der Schicksalsgöttinnen, ebenfalls mit Gegenwart, Vergangenheit und Zukunft in Verbindung bringt. Und noch eine weitere Beeinflussung durch die antike Kultur kann man an diesen kurzen Ausführungen zu Augustinus aufzeigen: Fleißige und keusche Frauen erkennt man am Spinnen.

Auf die Verbindung zur jüdischen Tradition war schon hingewiesen worden, doch gibt es hier auch einen Bezug, der von der Idee her gar nicht so weit von der griechisch-römischen Überlieferung entfernt ist. Grabsteine wurden in der Antike oft mit Eulogien, den Lobpreisungen der Verstorbenen, geschmückt. Eine Tradition, die sich übrigens so mancherorts bis ins 20. Jahrhundert gehalten hat. In diesen antiken Eulogien auf Hausfrauen stößt man immer wieder auf die folgenden Worte: fleißig, sparsam, keusch, häuslich und »mit Wollarbeiten beschäftigt« (lat. lanifica). Offenbar werden die Handarbeiten als so eine besondere Tätigkeit geschätzt, dass sie es sogar wert sind, der Nachwelt überliefert zu werden. In einer Epoche, in der es Frauen versagt ist, große Tempel zu entwerfen, Skulpturen aus Marmor zu meißeln oder glanzvolle Schlachten zu schlagen, wird das Arbeiten in Wolle zur einzig möglichen rühmlichen Tat der Weiblichkeit für die Nachwelt.

Eine Frau der etruskisch-römischen Vorzeit war für ihre Wollarbeiten sogar in einem solchen Maß berühmt, dass nach ihrem Tode ihre Spindel und ihr Spinnrocken im Tempel des Semo Sancus, dem Gott der Treue, der seinen Ursprung wohl bei den Sabinern hat, in Rom ausgestellt wurden: Ihr Name war Tanaquil, und sie wurde mit Gaia Caecilia gleichgesetzt. Plinius (um 23–79 n. Chr.) berichtet in der Naturgeschichte (8, 194) von dieser einzigartigen Frau, der Gattin des fünften Königs von Rom, Tarquinius Priscus (616–579 v. Chr.). Der Gelehrte erzählt, dass im Semo-Sancus-Tempel nicht nur Spindel und Rocken der Tanaquil aufbewahrt worden seien, auch eine »toga regia«, ein Königsmantel, den sie angefertigt hatte, soll noch existiert haben. Was Plinius anschließend schildert, ist jedoch nicht minder interessant: Mit Berufung auf die berühmte Tanaquil wurden in Rom in den Hochzeitszügen traditionell Spindel und Rocken hinter den Bräuten hergetragen. Diese bringen zwar einen gefüllten Rocken mit in die Ehe, aber keinen vollen Wollkorb. Für weiteres Material zu sorgen ist einzig und allein Aufgabe des Ehemanns. Offenbar handelt es sich hierbei um eine Art Arbeitsteilung, bei der die Frau ihre Arbeitskraft in die Ehe einbringt, um das vom Mann Vorproduzierte, hier die Wolle, weiterzuverarbeiten beziehungsweise zu veredeln.

Da im römischen Kultus Wolle, Wollfäden und Wollbinden eine sehr prominente Rolle spielten, ist anzunehmen, dass der Rocken der Braut tatsächlich mit Wolle und nicht mit Flachs bestückt war. Tanaquil war also nicht nur Vorbild für alle Matronen und Hausfrauen, sondern auch für alle Bräute, wobei auch bei ihr wieder Fleiß und Wohlanständigkeit aufs Engste miteinander verbunden wurden. Selbst eine Königin – so sie denn züchtig war – verrichtete übrigens Wollarbeiten, und das, obwohl sie über eine Dienerschaft verfügte.

Das Beispiel der Tanaquil blieb auch im Mittelalter recht populär. So berichten etwa der immens antikenkundige italienische Dichter Giovanni Boccaccio (1313–1375) und die Pariser Dichterin Christine de Pizan (1365 – nach 1430), die ebenso aus Italien stammte, ausführlich von Tanaquil und bewahren sie somit im kollektiven Gedächtnis. Im Nachmittelalter geriet die tüchtige Frau dann weitestgehend in Vergessenheit. Trotzdem sollen in manchen Gegenden Europas, etwa auf Kreta, bis ins 20. Jahrhundert Spindel und Rocken im Hochzeitszug mitgeführt worden sein, eine Tradition, die aber auch parallelen Bräuchen entsprungen sein kann.

Zu den antiken Herrscherinnen, die mit Wollarbeiten assoziiert werden, gehört auch Penelope, die Gattin des griechischen Fürsten und Helden Odysseus, von der Homer in der »Odyssee« (24, 139 f.) berichtet. Als Odysseus aus dem Trojanischen Krieg nicht nach Hause kommt und die Freier Penelope, die Fürstin Ithakas, immer ärger bedrängen, eine neue Ehe einzugehen, ersinnt sie eine List, um sich vor den Aufsässigen zu schützen und das Erbe ihres noch unmündigen Sohns Telemachos zu retten. Die Ziele ihres Tuns lassen keinen Zweifel aufkommen: Auch Penelope ist eine tugendhafte Fürstin. Sie verspricht den Freiern, einen aus ihrer Mitte zu erwählen, wenn sie das Leichentuch, das sie zu weben begonnen hat, vollendet habe. Nun darf man sich dieses Tuch, das für den greisen Schwiegervater Laertes bestimmt ist, natürlich nicht nur als bloßes Woll- oder Leinengewebe vorstellen. Stattdessen wird es kompliziert gemustert gewesen sein, was das Weben ohnehin schon sehr zeitaufwendig und schwierig gestaltete. Und dann hatte sie ja noch die List:

Und des Tages webte sie nun an dem großen Gewebe,
Nachts jedoch löste sie's stets wieder auf im Scheine
der Fackeln.
(»Odyssee«, 24, 139–140)

Durch die Täuschung der Freier lässt Penelope trotz aller Arbeit in gewissem Sinne die Zeit stillstehen und schützt so eindrucksvoll ihre Beziehung zum fernen Ehemann. Eine Handlung, die stark mit dem Motiv der Witwentreue verwandt ist, denn Penelope handelt hier wie eine Witwe, die um den Gatten trauernd der Welt flieht.

Auch Lucretia, eine weitere antike Heldin der römischen Oberschicht, ist in diesem Zusammenhang erwähnenswert: Von ihr erzählt der römische Dichter Ovid in seinem Festkalender, den »Fasti« (II 722 ff.).

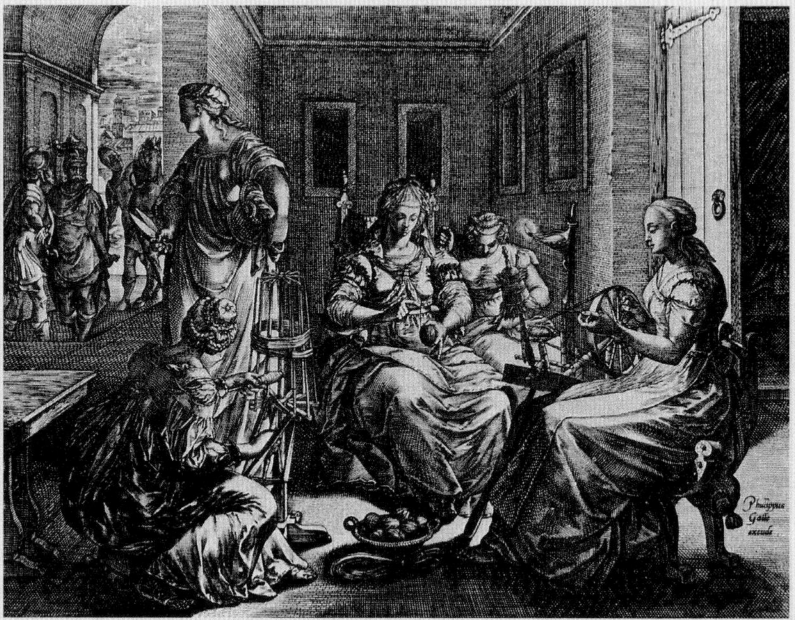

Die Männer des römischen Adels befinden sich im Krieg und leben im Heerlager, als der Königssohn Tarquinius eines Abends die Idee hat, zu erkunden, was die Ehefrauen in ihrer Abwesenheit daheim so treiben, vor allem aber, ob sie denn wohl treu sind. Kurzerhand schwingen sich die Offiziere auf die Pferde und reiten nach Rom, wo sie beobachten müssen, wie die Frauen der Königssöhne mit Wein ausgelassen feiernd die Nacht verbringen. Nur Lucretia sitzt inmitten ihrer Mägde beim Spinnen. Als die Offiziere sie belauschen, hören sie ihre klagenden, um ihren Mann besorgten Worte.

Philipp Galle nach einem Entwurf von Hendrik Goltzius
Lucretia im Spinngemach, um 1578

Lucretia wird beim tugendhaften Spinnen im Kreise ihrer Mägde dargestellt. Links sind schon der Ehemann und seine Gefährten zu sehen, die überraschend nachschauen, wie ihre Frauen die Zeit verbringen.

> *Ihre Worte endeten in Tränen, sie ließ die angefangenen Fäden fallen und senkte ihren Blick in den Schoß. Das gab ihr edle Würde, ihre Tränen ehrten ihre keusche Lieb, und das Bild, das sie (in ihrem Schmerz) bot, war dem Adel ihres Herzens gleich und würdig.*
> (Übersetzung: Franz Bömer)

Doch Lucretias bewundernswerte Keuschheit und Tugendhaftigkeit sollen ihr zum Verhängnis werden. Der ruchlose Königssohn Tarquinius ist von ihrer Wohlanständigkeit derart hingerissen, dass er später zurückkehrt und die Hilflose vergewaltigt. Nachdem Lucretia am nächsten Morgen Vater und Ehemann von dem ungeheuerlichen Verbrechen erzählt hat, stößt sie sich aus Scham einen Dolch in ihre Brust. Ihr Mann Brutus berichtet in seiner Heimatstadt, was geschehen ist, woraufhin Tarquinius und sein Vater Rom verlassen müssen. Nachdem das römische Königtum mit der Flucht der beiden endet, regieren von nun an die Konsuln die Stadt. Selbst der Dichter Ovid zollt Lucretia höchstes Lob, wenn er sagt, dass ihr Mut »männlich« gewesen sei, auch wenn er damit im gleichen Atemzug ihr Geschlecht abwertet.

Aber nicht nur Geschichten vorbildhafter Spinnerinnen und Wollarbeiterinnen werden aus der antiken Mythologie überliefert. Als Gegenbeispiel sei die Sage von Arachne, was übersetzt »Spinne« heißt, erzählt, deren Schicksal sich ebenfalls bei Ovid findet (»Metamorphosen«, VI 5 ff.).

Arachne, die einerseits eine vorzügliche Weberin, andererseits übermütig und gar zu selbstbewusst ist, fordert die Göttin Athene, die mythische Erfinderin der Webkunst, zu einem Wettstreit heraus. Zuerst versucht Athene, Arachne zur Demut gegenüber den Göttern zu bewegen, doch die Herausforderin will den Wettstreit unbedingt. Es kommt zum Vergleich der Webkünste, und am Ende kann Athene an Arachnes Bildteppich tatsächlich nicht den geringsten Fehler entdecken. Allerdings erzürnen die Darstellungen, welche die Lydierin gewählt hat, die Göttin aufs Äußerste: Auf dem Teppich sind Liebschaften der Götter, ihrer Verwandten, vor allem aber ihres Vaters Zeus zu sehen. Daraufhin schlägt sie Arachne jähzornig das Weberschiffchen mehrfach ins

Gesicht. Diese will sich daraufhin das Leben nehmen und erhängt sich. Doch als Athene die bereits Hängende erblickt, überkommt sie Mitleid, und so sagt sie:

> *Bleib nur am Leben, doch bleibe auch hängen, du Frevlerin, und dieses Strafurteil gelte, damit du nicht unbesorgt in die Zukunft schaust, für dein ganzes Geschlecht und für die spätesten Enkel!*
> (Übersetzung: Gerhard Fink)

Ist Arachne ihr perfektes Weben zum Verhängnis geworden? Ja, aber nicht nur. Denn die Geschichte zielt wohl ebenso auf die Warnung ab, dass jeder Künstler der Situation und dem Medium angemessene Bildthemen wählen sollte. Somit ist es sowohl ihre Webkunst als auch Athenes gekränkte Eitelkeit, die Arachne ihr weiteres Leben als Webspinne fristen lassen.

Am Ende der Ausführungen zur Antike stehen die Moiren, auch Parzen genannt. Die drei Göttinnen Klotho, Lachesis und Atropos, so ihre griechischen Namen, sind Schicksalsgottheiten. Die Schwestern teilen den Menschen das Leben sowie das Gute und Schlechte zu, was durch den Spinnfaden und seine Beschaffenheit symbolisiert wird. Klotho, die Spinnerin, beginnt den Lebensfaden zu ziehen, den Lachesis weiterführt. Am Ende, wenn der Mensch sterben soll, wird der Faden von Atropos durchtrennt.

Obwohl die Parzen in der Kunst oft wie harmlos-züchtige Hausfrauen dargestellt werden, haben sie mit wohlanständigen Heimchen am Herd und Fleiß nur wenig zu tun. Die Alltagshandlung des Spinnens wird bei ihnen zum Symbol für das Leben, das sich zwischen Himmel und Erde abspielt. Die senkrecht hängende Spindel ist dabei gleichsam die Verbindung zwischen Kosmos, Welt und Unterwelt. Beim Spinnen wird die ungeordnete Wolle in ein System gebracht und geordnet. Dieses System wird am Prozess des Verwebens der Fäden noch besonders deutlich, wenn diese in die Koordinaten der Kett- und Schussfäden eingebracht werden, die beim klassischen Weben in einem rechten Winkel zueinander stehen.

Bisweilen sagen die Parzen – beispielsweise beim römischen Dichter Catull (gestorben 54 oder 50 v. Chr.) – während des Spinnens auch die Zukunft voraus. In seinem 64. Gedicht lässt Catull sie das Schicksal des Helden Achill verkünden. Als Refrain heißt es dort: »Laufet, ihr Spindeln, und ziehet die Fäden!«

Einen Lebensfaden ganz anderer Art übergibt Ariadne Theseus, der nach Kreta kommt, um den Minotaurus, ein Ungeheuer, zu töten. Diesem Stiermenschen, der in einem Labyrinth gefangen gehalten wird, hat man zuvor immer wieder Kinder zum Fraß gegeben. Ariadne hilft Theseus nun, dieses Untier, das zudem ihr Halbbruder ist, unschädlich zu machen. Sie reicht ihm einen langen Faden, den sogenannten »Faden der Ariadne«, den Theseus abwickelt, während er in das verwirrende Labyrinth eindringt. Nach dem siegreichen Kampf muss er somit nur noch dem Faden folgen, um wieder zum Ausgang zu gelangen. Der Mythos von Ariadne und Theseus wird von Ovid in den »Metamorphosen« und der »Liebeskunst« überliefert.

Alles, worauf bisher Bezug genommen wurde, ist fester Bestandteil der christlich-abendländischen Kultur und Tradition der Nachantike in Beurteilung und Bewertung weiblicher Handarbeit. Die alten Fäden des griechisch-römischen sowie des jüdischen Erbes werden aufgenommen und fortgesponnen, obwohl man sich dessen nicht immer bewusst ist. Auch neue Sichtweisen bilden sich aus, bis sich schlussendlich sämtliche kulturellen Fäden miteinander verzwirnen. So sind einzelne Traditionsläufe im Nachhinein nur schwer auszumachen, da alles mit allem verbunden ist. Etliche der bereits erwähnten Mythen werden von Ovid überliefert, der seit der Antike kontinuierlich im Abendland gelesen wird. Seine Geschichten waren und sind noch immer überall bekannt, sei es im Original oder in christlichen Interpretationen und Umgestaltungen. Wer kein Latein erlernte, hörte die Erzählungen oder konnte Darstellungen der Geschichten betrachten. Kein anderer Dichter hat die bildende Kunst so inspiriert wie Ovid.

»Sie (Maria) übte fleißig die Wollweberei, und was die älteren Frauen nicht verrichten konnten, brachte sie schon im zarten Alter zustande. Für sich hatte sie die Regel aufgestellt, morgens bis zur dritten Stunde die Gebete mit Hingabe zu verrichten, von der dritten bis zur neunten Stunde mit dem Weben beschäftigt zu sein. Von der neunten Stunde an wiederum ließ sie nicht vom Gebet ab, bis der Engel des Herrn erschien, aus dessen Hand sie Speise empfing.«

Im apokryphen »Pseudo-Matthäusevangelium« (6,1) erfährt der Leser, dass Maria schon als Kind eine begnadete Wollarbeiterin ist. Später, Maria ist inzwischen dreißig Jahre alt, besteht ihr Tagesablauf ausschließlich aus Wollarbeit und Gebet. Und da sie noch nicht einmal zum Zubereiten von Speisen Zeit findet, wird sie von einem Engel mit Nahrung versorgt.

Die sogenannten »apokryphen Evangelien« sind Texte, die damals eine hohe Popularität besaßen. Auch wenn sie von Kirchenseite abgelehnt wurden, handelt es sich bei ihnen dennoch um Berichte aus dem Leben Jesu und Mariä, die nicht zu den regulären Schriften des Neuen Testaments gezählt werden, aber trotz ihrer Aussonderung ein intensives Nachleben führten. Obwohl das »Pseudo-Matthäusevangelium« erst sehr spät, vermutlich im 9. Jahrhundert, entstanden ist, greift sein Verfasser ein Motiv auf – Maria, mit Wollarbeiten beschäftigt –, das sich schon im »Protoevangelium« (10,2) findet und bis ins zweite Jahrhundert zurückdatiert werden kann. Dort ist überliefert:

> *Werft das Los, wer das Gold und den Amiant, den Byssus und die Seide, das Hyazinthblau, den Scharlach und den echten Purpur verweben soll! Und auf Maria fiel das Los ›echter Purpur‹ und ›Scharlach‹.*

Dieser Überlieferung nach hat Maria als Kind und Jungfrau im Tempel zu Jerusalem mit anderen Tempeljungfrauen, die es historisch übrigens nie gegeben hat, in Wolle gearbeitet. Maria sitzt also als Kind und junge Frau im Tempel von Jerusalem. Als der Priester das Los werfen lässt, welches Kind welches Material verarbeiten soll – alle Materialien sind sehr wertvoll und selten, denn aus ihnen soll ein Vorhang für das Allerheiligste im Tempel gefertigt werden –, fällt das Los der absolut kostbarsten Materialien auf Maria. Ein weiteres Mal (11,1) berichtet der unbekannte Autor von Marias Wollarbeit: Als Herangewachsene schöpft

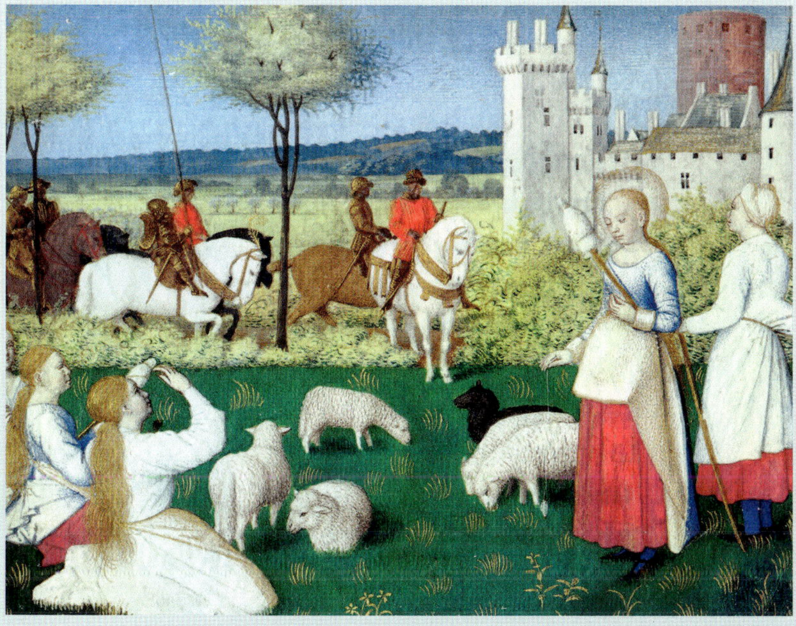

sie gerade am Brunnen Wasser, als die Stimme eines Engels ertönt. Maria schaut sich verstört nach dem Sprecher um, und es heißt:

> *Sie erbebte, ging in ihr Haus hinein, stellte den Krug ab, nahm den Purpur, setzte sich auf ihren Stuhl und spann den Purpur.*

Anschließend kommt der Engel zurück, und die Verkündigung der Geburt Jesu beginnt, wie sie im Lukasevangelium (1,28 ff.) berichtet wird.

Jean Fouquet, Stundenbuch des Etienne Chevalier, M.I. 1093
Heilige Margarethe, 1452–1460
Paris, Louvre

Der Heide Olibrius begegnet der hl. Margarethe, die spinnend die Schafe hütet. Da sie sich weigert, seine Geliebte zu werden, muss sie ein schreckliches Martyrium erleiden.

Es kann also kein Zweifel daran bestehen: Maria ist die tugendhafteste Frau des Christentums! Da ihr Leben in diesen Texten aufs Engste mit der Woll- beziehungsweise Textilarbeit verbunden und Maria als Gottesmutter zugleich auch Vorbild für alle christlichen Frauen ist, muss für jede Frau Textilarbeit untrennbar mit Tugendhaftigkeit verbunden und deshalb das Verrichten dieser Arbeit so extrem wichtig sein. Die Tugendhaftigkeit besteht in dieser Vorstellung vor allem aus Keuschheit, Fleiß und Demut und ist in höchstem Maße an häusliche Arbeit gebunden. Auch in der bildenden Kunst findet man zahllose Darstellungen der Jungfrau Maria, sei es als Kind, Jugendliche oder Erwachsene, die spinnt, strickt oder webt. Oft verrichtet in diesen häuslichen Szenen auch ihr Mann, der heilige Joseph, als Zimmermann und Schreiner Holzarbeiten.

Mit diesen Darstellungen wird eine gewisse Parallelität zu Adam und Eva hergestellt. Seit dem Mittelalter gibt es den Bildtyp der Ureltern der Menschheit, die nach der Vertreibung aus dem Paradies arbeiten müssen. Dabei wird Eva meist spinnend, Adam hingegen grabend dargestellt, wobei Eva noch zusätzlich auf ihre Söhne Kain und Abel aufpasst. Bei diesen Abbildungen geht es jedoch weniger um Züchtigkeit als um die mit der Arbeit verbundene Mühsal. Im Schweiße ihres Angesichts müssen Adam und Eva schuften, um das Lebensnotwendige herzustellen. Die Urmutter Eva und die Gottesmutter Maria werden theologisch seit dem Mittelalter immer wieder parallelisiert und gegenübergestellt. In solchem Denken wird aus der Mühsal Evas später die Zierde und Tugendhaftigkeit Mariens.

Wenn Maria Vorbild der christlichen Frau und Hausfrau ist, dann liegt die Vermutung nahe, dass sie es in einem noch höheren Maße für heilige Nachfolgerinnen ist. Es verwundert dementsprechend nicht, wenn auch weibliche Heilige bei Handarbeiten abgebildet werden, so wie am häufigsten die heilige Elisabeth, aber auch die heilige Gertrud oder heilige Margarethe.

Dass das Erlernen und Perfektionieren der Handarbeitstechniken wichtiges Erziehungsziel in der Mädchenbildung war, kann nun nachvollzogen werden. Neben den praktischen oder pragmatischen Seiten dieses Ziels, etwa dass Wäsche ausgebessert werden kann oder dadurch Einkommen gesichert wird, gibt es weitere interessante Aspekte: Handarbeiten machen weder Lärm noch Schmutz, und es lassen sich mit ihnen sehr gut weitere Aufgaben verbinden, wie etwa das Hüten von Kindern oder von Vieh. Zudem werden Tugenden wie Ausdauer, Genauigkeit, Fleiß, Fingerfertigkeit trainiert. Selbst Rechnen kann durch das Sticken erlernt werden:

> *Was Sophie indes am allerbesten versteht und worin man sie am sorgfältigsten unterrichtet hat, das sind die weiblichen Handarbeiten, selbst diejenigen, welchen man gewöhnlich weniger Aufmerksamkeit zuwendet, wie die Kunst, sich ihre Kleider selbst zuzuschneiden und zu nähen. Es gibt keine Nadelarbeit, die ihr unbekannt wäre und deren Anfertigung ihr nicht Vergnügen machte. Ihre Lieblingsbeschäftigung ist jedoch das Spitzenklöppeln, weil keine andere Arbeit zu einer so anmutigen Körperhaltung nötigt und die Finger in so zierlicher und leichter Bewegung hält.*

Hier preist der Philosoph Jean-Jacques Rousseau (1712–1768) Sophie, Tochter aus gutem Hause. In seinem Erziehungsroman »Émile oder über die Erziehung«, der 1762 erschien, soll sie die Hauptperson ehelichen. Selbst inmitten der Aufklärung scheint das Frauenbild der Handarbeitenden noch tradiert und als erstrebenswert propagiert zu werden. Als wichtiges Detail ist hervorzuheben, dass Sophie alle diese Tätigkeiten mit Vergnügen verrichtet. Die Arbeit und die Mühsal sind ihr keine Last, sondern machen ihr Spaß.

Eine weitere Informationsquelle ist ein Brief, den Dorothea Schlözer (1770–1825), die 1787 mit siebzehn Jahren als erste Frau in Deutschland zum Dr. phil. promovierte, einer Freundin schreibt:

> *Du mußt Dir aber ja nicht einbilden, daß ich nichts von weiblichen Arbeiten verstehe: im Kochen nehme ich es doch wohl mit Dir auf, und meine Mutter macht mir oft Schmeicheleien über mein flinkes Stricken. – Ich*

> *kann spinnen, nähen, mit Wein umgehen, denn ich besorge größtentheils den Keller allein; nur im Putzmachen fehlt's mir noch ein wenig …*

Die junge Wissenschaftlerin, die vor allem von ihrem Vater unterrichtet wurde, rechtfertigt sich in dem Schreiben vor ihrer Freundin. Sie verstehe sich nicht nur aufs Studieren, sondern auch darauf, Tätigkeiten auszuführen, die von Frauen erwartet werden. Ihrem Ton nach scheint sie sehr stolz darauf zu sein, beides zu können.

Im späten 18. Jahrhundert entstehen in Deutschland im Zuge der Aufklärung und Frühindustrialisierung sogenannte Industrieschulen, wobei der Name auf das lateinische Word »industria«, also Fleiß, zurückgeht und nicht mit industrieller Fertigung im Sinne von Fabrikarbeit zu verwechseln ist. In diesen Lehranstalten werden vor allem Mädchen aus unteren Schichten in textilen Fertigkeiten, aber auch in anderen Kulturtechniken unterwiesen. Parallel dazu eröffnen ähnliche Einrichtungen für Mädchen der Mittelschicht.

Im Jahre 1795 wird zu Brieg in Schlesien eine Schule gegründet, in der die jungen Frauen unter anderem Moral, Rechnen, Naturgeschichte und Geschichte lernen. Drei Jahre später veröffentlicht die Schulleitung einen Bericht, der darlegt, was die 120 Schülerinnen während des Jahres an textilen Arbeiten angefertigt haben. Die Aufzählung macht ein Drittel des gesamten Schriftstücks aus. In ihr finden sich:

> *561 Paar große Mannsstrümpfe, 860 Paar kleine Strümpfe, 482 Paar angestrickt, 264 Paar Handschuhe etc.; Genähet wurden: 101 große und 92 kleine Hemden, 109 Schürzen, 86 Bettücher, 398 kleine Tücher,*

(Spinn-)Rocken, 18. und 19. Jh.
Paris, Musée des Civilisations de l'Europe et de la Méditerrane

Am Rocken wurde Wolle oder Flachs zum Spinnen – oft mit Hilfe bunter Bänder – befestigt. Solch kunstvoll gearbeitete Rocken wurden vermutlich zu besonderen Anlässen, zum Beispiel zur Heirat, verschenkt.

> *12 Überzüge, 46 Schlafhauben, 21 Strickbeutel, 70 Binden, 64 Handtücher, 65 Servietten etc.*

An der Liste wird deutlich, welch breiten Raum und große Bedeutung man den textilen Fertigkeiten der Schülerinnen zuschreibt. An solche Industrieschulen wird auch Johann Wolfgang von Goethe (1749–1832) bei seinen »Wahlverwandtschaften« (1809) gedacht haben:

> *Man hatte seither die Mädchen des Dorfes im Nähen, Stricken, Spinnen und anderen weiblichen Arbeiten zu ermuntern gesucht. Auch diese Tugenden hatten zugenommen seit jenen Anstalten zu Reinlichkeit und Schönheit des Dorfes.* (1. Buch, 17. Kapitel)

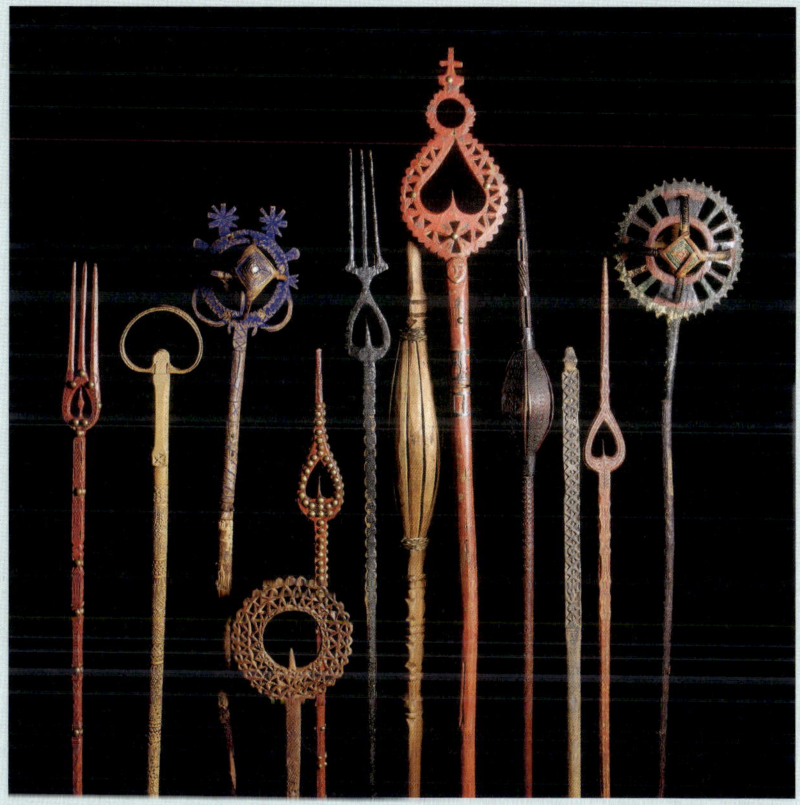

Goethes Ottilie setzt sich in dem Roman dafür ein, die Tugenden wieder aufleben zu lassen beziehungsweise sie auszubauen. Bei ihnen handelt es sich durchweg um traditionell-konservative weibliche Arbeiten: Nähen, Stricken und Spinnen. Von allgemeiner Bildung der jungen Frauen ist jedoch keine Rede, wenngleich Ottilie diese durchaus ziert. Dass es ansonsten in den »Wahlverwandtschaften« gar nicht so tugendhaft zugeht, sei nur am Rande in Erinnerung gerufen.

Der kurzen Auswahl von Texten ließen sich noch viele andere mit ähnlichen Aussagen zur Seite stellen. In einer solchen Gedankenwelt, für welche die Beispiele exemplarisch sind, kann es somit auch nicht verwundern, wenn das Spinnen oder besser gesagt das Reißen des Fadens beim Spinnen zum Symbol für Verfehlungen auf dem Weg zur Tugendhaftigkeit wird. Lassen wir nochmals Johann Wolfgang von Goethe mit einem Gedicht zu Wort kommen:

Die Spinnerin

Als ich still und ruhig spann,
Ohne nur zu stocken,
Trat ein schöner junger Mann
Nahe mir zum Rocken.

Lobte, was zu loben war,
Sollte das was schaden?
Mein dem Flachse gleiches Haar
Und den gleichen Faden.

Ruhig war er nicht dabei,
Ließ es nicht beim alten;
Und der Faden riß entzwei,
Den ich lang' erhalten. [...]

In diesem Gedicht Goethes von 1817, das von Franz Schubert (1797–1828) vertont wurde, ist der Faden zum Symbol der Reinheit und Jungfräulichkeit des Mädchens geworden. Als er reißt, ist damit nicht nur ihre Unschuld und Jungfräulichkeit dahin, mehr noch: Das Mädchen ist von jenem schönen jungen Mann schwanger. Im 19. Jahrhundert eine Katastrophe. Im Umkehrschluss wird deutlich: Hätte sie, was von einer tugendhaften Frau erwartet wird, weitergesponnen, so wäre ihr auch die ungewollte Schwangerschaft erspart geblieben.

Die Folgen, die allzu große jugendliche Emotionalität auf das Arbeitsverhalten haben kann, schildert 1787 Johann Heinrich Voss (1751–1826), einer der führenden Publizisten und Übersetzer aus der Zeit um 1800:

Die Spinnerin

Ich armes Mädchen!
Mein Spinnerädchen
Will gar nicht gehn,
Seitdem der Fremde
In weißem Hemde
Uns half beim Weizenmähn! [...]

Die junge Frau hat sich augenscheinlich in einen Fremden verliebt, mit dem sie während der Erntezeit »im Klee geruht« hat. Ob sie auch ihre Jungfräulichkeit verlor, sei dahingestellt, doch ihre Arbeitsmoral ist ihr dabei auf jeden Fall abhandengekommen, denn das »Spinnerädchen will gar nicht gehn«. Zu sehr ist sie in Gedanken bei dem Fremden, der offenbar längst schon weitergezogen ist, als dass sie konzentriert ihrer Arbeit nachgehen könnte.
Humoristischer greift Voss das Thema nochmals 1791 auf. In dem folgenden Gedicht schildert er ein spinnendes Mädchen, dem sich ein junger und auch hier unbekannter Mann nähert. In den Zeilen beschreibt es nun das Bemühen des jungen Mannes, seine Aufmerksamkeit und Zuneigung zu gewinnen. Als Refrain wiederholt sich der Vers: »Ich saß

verschämt, und spann und spann.« Zwar irritiert sie das Werben des Mannes, doch sie versucht, sich ihrer Aufgabe zu widmen. Trotz ihrer Bemühungen endet das Gedicht so:

Mit großem Ernst verwies ich' ihm;
Doch ward er kühner stets und freier,
Umarmte mich voll Ungestüm,
Und küßte mich so rot wie Feuer.
O sagt mir, Schwestern, sagt mir an:
War's möglich, daß ich weiterspann?

Letztlich schlagen Voss und Goethe noch in dieselbe Kerbe wie Rabbi Elieser 1700 Jahre vor ihnen: Frauen müssen beschäftigt sein und beschäftigt werden, ansonsten drohen sie, der Unzucht zu verfallen. Und selbst wenn sie etwas zu tun haben, bleiben sie immer noch anfällig. Das also ist die männliche Sichtweise auf die Frau, und dass zumindest Goethe selbst im Werben und Erobern (junger) Frauen nicht untätig war, ist ja hinlänglich bekannt.

Dass es aus der Zeit um 1800 auch Gedichte gibt, die den Fleiß und die Tugendhaftigkeit der spinnenden Frau preisen, sei kurz bewiesen. Allerdings wird mit dem Preisen immer auch gleichzeitig die Aufforderung verbunden, es ihr nachzumachen. Der Imperativ ist allgegenwärtig.

Spinnerlied (mündlich)

Spinn, Mägdlein, spinn!
So wachsen dir die Sinn,
Wachsen dir die gelbe Haar,
Kommen dir die kluge Jahr!

Ehr, Mägdlein, ehr
Die alte Spinnkunst sehr;
Adam hackt und Eva spann,
Zeigen uns die Tugendbahn. [...]

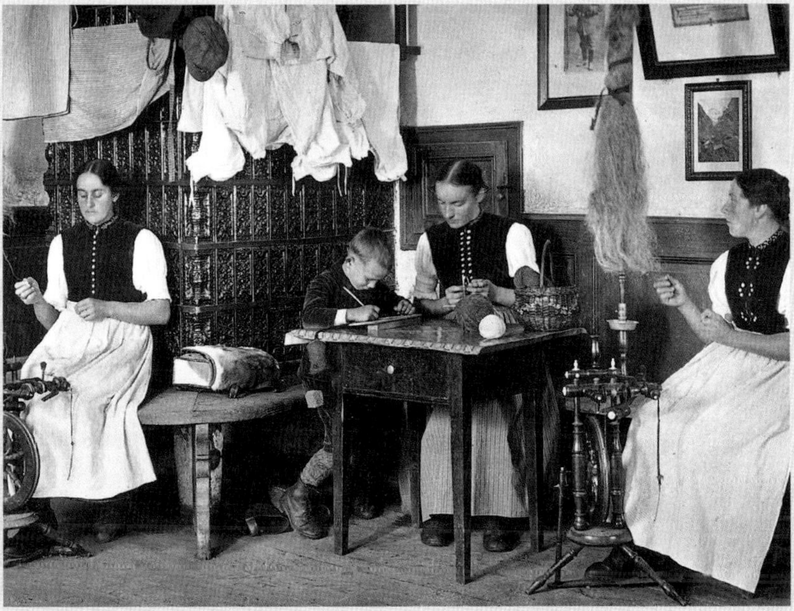

Dieses Gedicht von Achim von Arnim (1781–1831) erschien in der Sammlung des »Knaben Wunderhorn«, die zwischen 1806 und 1808 publiziert wurde. Auch von Arnim verbindet hier Tugendhaftigkeit und Gottesfurcht aufs Engste mit Vorbildern aus der Bibel. Interessant ist, dass der Dichter in seiner Beseeltheit die Sünder Adam und Eva die »Tugendbahn« zeigen lässt und den göttlichen Fluch unmittelbar vor der Vertreibung aus dem Paradies somit uminterpretiert.

Aber kehren wir nochmals in die Spinnstube zurück, wie sie eingangs beim »Fliegenden Holländer« Erwähnung fand. Bis ins 20. Jahr-

Spinnstube, Postkarte, 1950er Jahre
Sammlung des Autors

In der Mitte des 20. Jahrhunderts, als industrielle Fertigung die Spinnstuben längst verdrängt hatte, wurden solche Postkarten noch vertrieben. Es ist ein wehmutiger, beschwörender und romantisierender Blick zurück auf eine untergegangene Welt.

hundert hinein wurden romantisch angehauchte Postkarten vertrieben, die Frauen in Trachten in einem gemütlichen Raum beim Spinnen zeigten. Diese Idylle war jedoch nur eine Seite der Spinnstuben. Seit dem Mittelalter fungierten sie auch als Orte, an denen sich die Dorfbevölkerung traf und wo Jugendliche einander kennenlernten. Vermutlich gab es sogar Spinnstuben, wo abends alles andere getan wurde, nur nicht gesponnen. Von der Idee her handelte es sich bei diesem Zimmer um einen Raum, in dem nach getaner Arbeit die Frauen des Dorfs zum gemeinschaftlichen Spinnen zusammentrafen und einander Geschichten erzählten. Diese Erzählungen, wie wir sie schon von Senta gelesen haben, waren oft fantastisch und nicht immer ganz wahr. Daher stammt auch die Redensart, dass jemand spinne, wenn er es mit der Wahrheit nicht so ganz genau nimmt.

Spinnen diente aber auch als Bestrafung oder bestenfalls Resozialisierung. So gab es Spinnhäuser, in denen vor allem Frauen, oft Prostituierte, »gebessert« werden sollten, indem sie Wolle oder Flachs als Strafarbeit verspinnen mussten. Im Niederländischen bedeutet »spinhuis« (Spinnhaus) sogar noch heute »Zuchthaus«.

Und damit sind wir beim sozialen Elend und der Politik angelangt. In der Kunst des 19. Jahrhunderts – im Einzelnen werden das die Bildanalysen zeigen – gibt es viele Beispiele, die das soziale Elend von Frauen zeigen, die gezwungen waren, für Hungerlöhne Handarbeiten zu verrichten, und dadurch zur Anklage gegen eine sich entwickelnde frühkapitalistische Gesellschaft wurden. Besondere Beachtung verdient hier ein Gedicht des Briten Thomas Hood (1799–1845), das viele bildende Künstler inspirierte: »The Song of a Shirt« von 1843. Das Gedicht und sein Autor erfreuten sich seinerzeit solch einer Berühmtheit, dass später auf dem Grabstein des Dichters lediglich zu lesen war: »He sang the Song of the Shirt« (»Er dichtete das Lied vom Hemde«.). Hood schildert eine junge, halb verhungerte Näherin und ihr soziales Elend. 1847 erschien von Ferdinand Freiligrath (1810–1876) eine Übertragung ins Deutsche, in der es unter anderem heißt:

O Männer, denen Gott
Weib, Mutter, Schwestern gegeben:
Nicht Linnen ist's, was ihr verschleißt –
Nein, warmes Menschenleben!
Stich! Stich! Stich!
Das ist der Armut Fluch:
Mit doppeltem Faden näh' ich Hemd,
Ja Hemd und Leichentuch!

Schließlich kann selbst das Nähen – etwa von roten Hemden – zum Politikum, zum politischen Bekenntnis werden, wie es bei Odorado Borrani (Seite 105–107) der Fall ist.

Spinnende, webende, nähende, stickende, strickende, häkelnde, klöppelnde Mädchen und Frauen sind also, das haben wir gelernt, keineswegs nur schöne Gestalten, die bei einer beliebten weiblichen Freizeitbeschäftigung gezeigt werden. Viele kulturelle und oft an bestimmte historische Zeiten gebundene Phänomene gehen mit ihnen einher. Gottesfurcht, Tugendhaftigkeit, Moral und Fleiß als Tugenden des züchtigen Mädchens und der züchtigen Frau gehören stets mit dazu, denn: Tugendhafte Frauen spinnen!

Literatur

Blisniewski, Thomas: *Kinder der dunklen Nacht. Die Ikonographie der Parzen vom späten Mittelalter bis zum späten XVIII. Jahrhundert*, Dissertation, Köln 1992

Blisniewski, Thomas: »*... und schafft mit emsigen Händen« – Weibliche Handarbeiten in Werken von R. Schadow, C.J. Begas und J.A. Ramboux im Wallraf-Richartz-Museum & Fondation Corboud«*, in: »Kölner Museums-Bulletin. Berichte und Forschungen aus den Museen der Stadt Köln«, Köln 2001, S. 4–18

Bechthold, Marita: »*Nadelspuren in der Geschichte von Frauen. Zur Sozialisation von Mädchen und Frauen durch textile Handarbeit«*, in: Bührmann, Dörthe; Pyde, Beate; Reiners, Elisabeth: »1. Oldenburger Frauenwoche. Dokumentation«, Oldenburg 1988, S. 291–303

Bombek, Marita: »*Frauen haben eine Affinität zu Textilien und Kleidung! Haben Frauen eine Affinität zu Textilien und Kleidung?«*, in: Bombek, Marita; Bredel, Ursula; Funk, Christiane u. a. (Hg.): Frauen antizipieren Zukunft. Interdisziplinäre Beiträge zur Frauenforschung. Annäherungen, Köln 2000, S. 79–98

Brandt, Anne-Kathrin: *Die ›tugenreich fraw Armut‹. Besitz und Armut in der Tugendlehre des Hans Sachs*, Schriften der Arbeitsstelle für Renaissanceforschung am Seminar für Deutsche Philologie der Universität Göttingen, Göttingen 1979

Hartinger, Walter: *Hinterm Spinnrad oder auf dem Besen? Frauen im deutschen Märchen und Hexenglauben*, Otto-von-Freising-Vorlesungen der Katholischen Universität Eichstätt, Bd. 20, Opladen 2001

Jäkel-Scheglmann, Sylvia: *Zum Lobe der Frauen. Untersuchungen zum Bild der Frau in der niederländischen Genremalerei des 17. Jahrhunderts*, Dissertation, Heidelberg 1992, Beiträge zur Kunstwissenschaft, Bd. 55, München 1994

Komlosy, Andrea: »*Stube und Websaal. Waldviertler Textilien im Spannungsfeld zwischen Verlagswesen, Heim- und Fabrikarbeit. Entwicklungen* *und Veränderungen in der Waldviertler Textilindustrie im 18. und 19. Jahrhundert«*, in: Komlosy, Andrea (Hg.): Spinnen, Spulen, Weben. Leben und Arbeiten im Waldviertel und anderen ländlichen Textilregionen, Schriftenreihe des Waldviertler Heimatbundes 32, Krems-Horn 1991, S. 119–138

Koppitz, Hans-Joachim (Hg.): *Des Kunckels odder Spinnrockens Evangelia vom Montag an biss auff Samstag mitsampt den Glossen zu Ehren den Frawen beschrieben*, Faksimile des Volksbuches von 1537 gedruckt in Köln bei St. Lupus, alte Kölner Volksbücher um 1500, dritter Druck, Köln 1978

Medick, Hans: *»Spinnstuben auf dem Dorf. Jugendliche Sexualkultur und Feierabendbrauch in der ländlichen Gesellschaft der frühen Neuzeit«*, in: Huch, Gerhard (Hg.): Sozialgeschichte der Freizeit. Untersuchungen zum Wandel der Alltagskultur in Deutschland, Wuppertal 1982, S. 19–49

Arachne. Spinnen und Weben in der bildenden Kunst. Ausstellungskatalog Schloß Rheydt/Mönchengladbach, Mönchengladbach 1982

Reeder, Ellen D.: *Pandora. Frauen im klassischen Griechenland.* Ausstellungskatalog Baltimore, Dallas/Basel 1996, Mainz 1996

Saurma-Jeltsch, Lieselotte E.: *»Profan oder sakral? Zur Interpretation mittelalterlicher Wandmalerei im städtischen Kontext«*, in: Lutz, Eckart Conrad; Thali, Johann u. Wetzel, René (Hg.): Literatur und Wandmalerei I. Erscheinungsformen höfischer Kultur und ihre Träger im Mittelalter, Freiburger Colloquium 1998, Tübingen 2002, S. 283–327

Schlapeit-Beck, Dagmar: *Frauenarbeit in der Malerei 1870–1900. Das Arbeitsbild im deutschen Naturalismus*, Dissertation, Wuppertal 1984, Berlin 1985

Schneider, Jane: *»Rumpelstiltskin's Bargain: Folklore and Merchant Capitalist Intensification of Linen Manufacture in Early Modern Europe«*, in: Weiner, Annette B.; Schneider, Jane (Hg.): Cloth and Human Experience, Washington/London 1989, S. 177–213

Sirna, Gail Carolyn: *Frauen, die nie den Faden verlieren. Handarbeitende Frauen in der Malerei von Vermeer bis Dalí*, München 2007

Stone-Ferrier, Linda: *»Spun Virtue, the Lacework of Folly, and the World Wound Upside-Down. Seventeenth-Century Dutch Depictions of Female Handwork«*, in: Weiner, Annette B.; Schneider, Jane (Hg.): Cloth and Human Experience, Washington/London 1989, S. 215–242

Teuffer, Cosima Juliane: *»The Lady of Shalott«. Die Rezeption in der bildenden Kunst und das Rollenverständnis einer handarbeitenden Frau im viktorianischen England*, maschschr. Hausarbeit im Rahmen der ersten Staatsprüfung für das Lehramt, Köln 2006

Treusch-Dieter, Gerburg: *Wie den Frauen der Faden aus der Hand genommen wurde. Die Spindel der Notwendigkeit*, Berlin s.d. 1983

Veryser, Leslie: *Het Spinnen als Motief in de Zeventiende-Eeuwse Schilderkunst van de beide Nederlanden. Een Iconografische Analyse,* 1–2, 2 Bde., maschschr. Licentiaats-Arbeit, Leuven 2000

Westhoff-Krummacher, Hildegard: *Als die Frauen noch sanft und engelsgleich waren. Die Sicht der Frau in der Zeit der Aufklärung und des Biedermeier,* Ausstellungskatalog, Münster 1995–1996, Münster 1995

Wyss, Robert L.: *»Die Handarbeiten der Maria. Eine ikonographische Studie unter Berücksichtigung der textilen Techniken«,* in: Stettler, Michael; Lemberg, Mechthild (Hg.): Artes Minores, Bern 1973, S. 113–188

Zick, Gisela: *»Als Adam grub und Eva spann. Genesisillustrationen des 19. Jahrhunderts im Clemens-Sels-Museum«,* in: Neusser Jahrbuch 1978, Neuss 1978, S. 24–37

Bildnachweis

Aberdeen Art Gallery & Museums: Seite 12, 27, Umschlagrückseite rechts

akg-images, Berlin: Umschlagabbildung, 67, 87, 115 (Erich Lessing)

Artothek, Weilheim: 36, 42, 142

Bildarchiv Preußischer Kulturbesitz, Berlin: 14 (Félicien Faillet), 113 (Andres Kilger, Nationalgalerie, SMB), 121 (Klaus Göken, Nationalgalerie, SMB), 125 (Jörg P. Anders, Nationalgalerie, SMB), 148 (René-Gabriel Ojéda, RMN - Grand Palais), 163 (Hervé Jézequel, RMN - Grand Palais)

The Bridgeman Art Library, Berlin: 1, 19, 28, 31, 46/47, 53, 54, 59, 64, 72, 91, 92, 94, 97, 102, 108, 118, 122, 127, 129, 134, 136, 139, 144, 159, 176

The Kobal Collection, London: 6/7

Kunstmuseum Bonn: 85, Umschlagrückseite Mitte

Carl Larsson-Gården, Sundborn: 82

Manchester City Galleries: 78

Mead Art Museum, Amherst: 25

Philadelphia Museum of Art: 8, 75, Umschlagrückseite links

Rheinisches Bildarchiv Köln: 35 (rba_c001522), 57 (rba_c003672), 68 (rba_c008571)

Rijksmuseum, Amsterdam: 60, 130

Schweizerisches Institut für Kunstwissenschaft SIK, Zürich: 81

Stadtmuseum Güstrow: 100

Alle weiteren Abbildungen stammen aus den Archiven des Autors oder des Insel Verlags.

Register

Alma-Tadema, Laura
Süßer Fleiß, um 1904
Anker, Albert
Die kleinen Strickerinnen, 1891
Baldung Grien, Hans
Elisabeth, 1511
Begas, Carl Joseph
Die Familie Begas, 1821
Blunden, Anna
Für nur eine kurze Stunde, 1854
Borrani, Odoardo
Die Näherinnen der roten Hemden, 1863
Bouguereau, William-Adolphe
Die unterbrochene Arbeit, 1891
Unschuld, 1898
Brown, Ford Madox
Warten: eine englische Feuerstelle von 1854–1855
Brueghel, Pieter, der Jüngere
Das Überreichen der Geschenke an die Braut, o. J.
Cassatt, Mary
Miss Mary Ellison beim Sticken, 1877
Corrozet, Gilles
Gaia Caecilia, 1543
Courbet, Jean Désiré Gustave
Die eingeschlafene Spinnerin, 1853
Dronais, François-Hubert
Portrait der Marquise du Pompadour, um/nach 1763/64
Dürer, Albrecht
Hexe, Kupferstich, 1502/05
Egley, William Maw
Die Lady von Shalott, 1858
Fetti, Domenico
Das erste Zeitalter: Eva spinnend und Adam arbeitend, frühes 17. Jh.
Fouquet, Jean
Heilige Margarethe, 1452–1460
Galle, Philipp
Lucretia im Spinngemach, um 1578
Henry, Suzette
Löbliche häusliche Beschäftigung, 1802
Hopper, Edward
New Yorker Interieur, um 1921
Kersting, Georg Friedrich
Frau am Spinnrad und Trommelbube mit Säbel, 1828
Larsson, Carl
Die Werkstatt, 1908–1910
Lemoyne, François
Herkules und Omphale, 1724
Liebermann, Max
Amsterdamer Waisenmädchen, 1876
Macke, August
Stickende Frau auf Balkon, 1910
Maria Christina Erzherzogin von Österreich
Selbstbildnis, 1776

Meister Bertram von Minden
Besuch der Engel, 1400–1410
Metz Unmuße
Bildteppich, um 1470/80
Meyer von Bremen, Johann Georg
Hausmütterchen, 1854
Strickendes Mädchen, 1863
Millet, Jean-François
Spinnende Schäferin, 1868/69
Murillo, Bartolomé Esteban
Heilige Familie mit Vögelchen, um 1649
Muschamp, Francis Sydney
Das Wirrwarr, 1897
Netscher, Caspar
Die Spitzenklöpplerin, 1664
Pietersz, Pieter
Mann und Frau mit einem Spinnrad, 1560/1570
Pizan, Christine de
Gaia Caecilia, 15. Jh.
Ramboux, Johann Anton Alban
Adam und Eva nach der Vertreibung aus dem Paradies, 1818
Rubens, Peter Paul
Die Parzen spinnen den Schicksalsfaden der Maria von Medici, 1622–1625
Segantini, Giovanni
Strickendes Mädchen, 1888
Speculum Humane Salvationis (Heilsspiegel)
Adam gräbt und Eva spinnt, um 1500
Spitzweg, Carl
Strickender Einsiedler, 1865/75
Der Liebesbrief, 1845/46
Spranger, Bartholomäus
Herkules und Omphale, 1575
Stokes, Marianne
St. Elisabeth von Ungarn, 1895
Tropinin, Wassili Andrejewitsch
Die Spitzenklöpplerin, 1823
van Heemskerck, Maerten
Porträt einer Frau am Spinnrad, 1529
Waterhouse, John William
Penelope und die Freier, 1912
Verkündigung, 1914
Zurbarán, Francisco de
Maria als Mädchen, um 1660

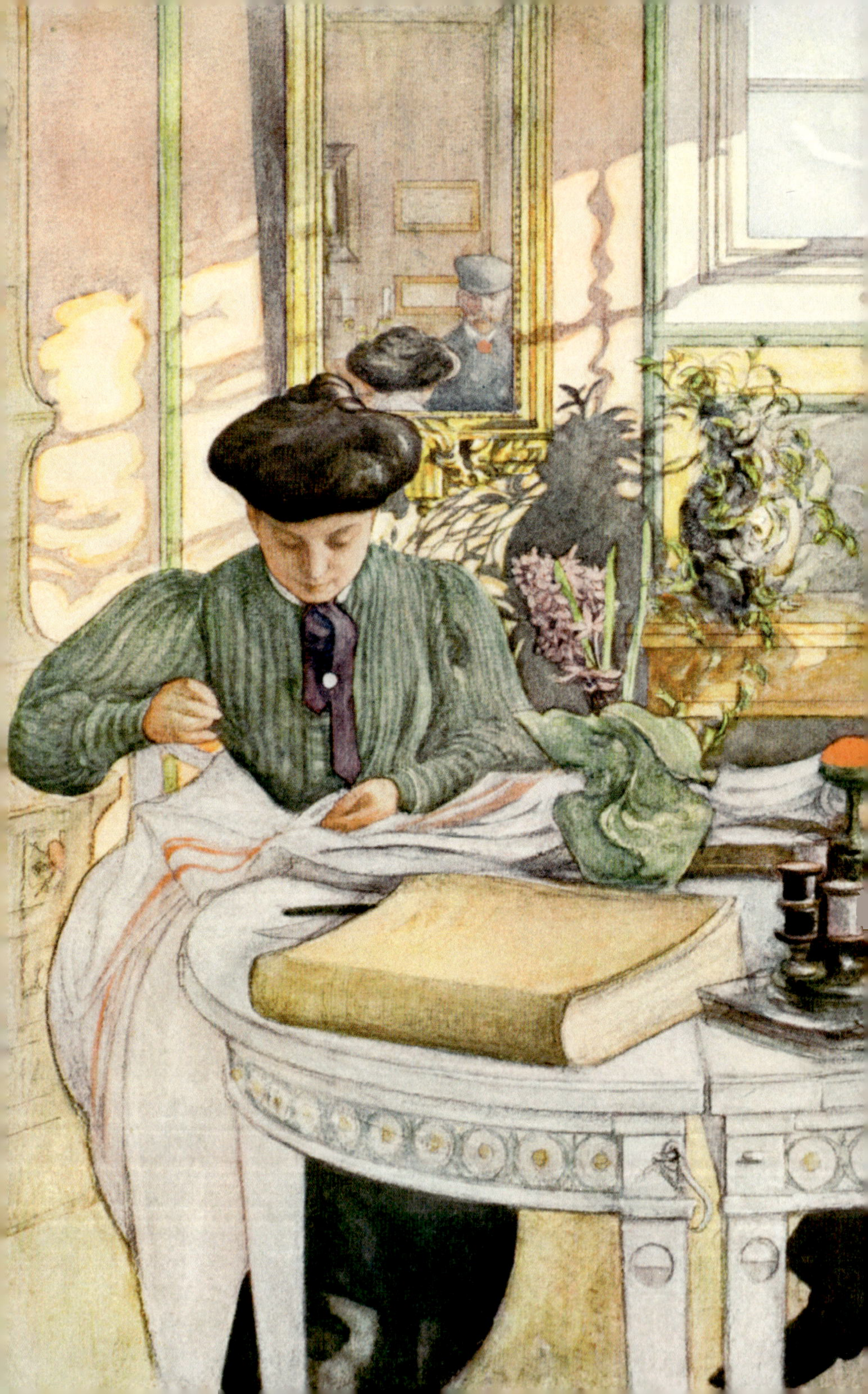